ESSAI
SUR LES FEMMES,

PAR M. DE BOUSSANELLE,

CHEVALIER de l'Ordre Royal & Militaire de S. Louis, Mestre de Camp de Cavalerie, Capitaine au Régiment du Commissaire-Général, Membre de l'Académie des Sciences & beaux Arts de la Ville de Beziers.

A AMSTERDAM,

Et se trouve à PARIS,

Chez { HOCHEREAU le jeune, Libraire, Grand'Salle du Palais, au Pilier des Consultations. GOGUÉ, Libraire, Quai des Augustins, au coin de la rue Pavée.

M. DCC. LXV.

A

MADEMOISELLE DE*****.

Nam tibi cum fatis mores natura pudicos
Et raras dotes ingeniumque dedit.

Ovid. Eleg. septim. ad Perillam.

MADEMOISELLE,

NON, la célebre Perille que chante Ovide n'eut ni la pureté & la douceur de vos mœurs, ni l'esprit, ni les rares perfections dont la Nature vous a douée.

Frappé vivement d'un assemblage

précieux & fini, & si inconnu jusqu'à vous, pouvois-je offrir & présenter à d'autre qu'à vous des réflexions diverses sur les qualités & les défauts de votre sexe? Fut-il jamais plus honoré que par vous? Pouvois-je faire paroître sous un embléme plus vrai, plus fort & plus heureux, sous une plus forte égide, & sous des auspices plus favorables tout ce qu'ont pensé avant moi tant d'hommes équitables & lumineux, & tout ce que j'ai pensé moi-même de votre sexe en général, de la beauté, de l'esprit, de la raison, de tous ces avantages qui lui attachent, qui enchaînent si fort le nôtre, & par-dessus tout de la vertu, de l'estimable vertu, dont vous êtes si particulierement & l'oracle & l'exemple? Pouvois-je vous ravir enfin

enfin un hommage si pur & si digne de vous?

Nouvelle Esther, aussi belle à mes yeux qu'incomparable & vertueuse au jugement de tout ce qui vous respecte, je trouve en vous réuni tout ce qui caractérise, tout ce qui éleve & tout ce qui ennoblit les deux sexes, tout l'esprit, tous les agréments, toute la délicatesse, tout l'honneur du vôtre; tout le jugement, toute la raison, toute la solidité, toute l'ame du mien. Vous me croirez, MADEMOISELLE, *quelque modeste que vous puissiez être, oui, vous serez forcée de me croire, en vous jugeant, en vous comparant, & plus encore lorsque vous daignerez vous rappeller quelle est ma droiture, ma constante aversion pour tout ce qui peut ressembler à l'indigne flatterie, & je puis le dire, tout ce que je vous montrai d'amour pour l'aimable & seule vérité. Vous serez forcée de me croire, Phénix, oui le vrai Phénix du siecle où nous vivons, comme celui de tous les tems dont je retrace l'Histoire; vous vous reconnoîtrez malgré vous dans les portraits fideles & touchants des femmes les plus célebres par tous les talents de l'esprit, par la noble sensibilité du cœur, par la magnanimité & la grandeur de l'ame, par l'égalité, la douceur & la vérité des mœurs, par leur inviolable chasteté, par leurs notions séveres & si respectables de la vertu, par leur piété, par leur charité & par la pratique la plus austere des plus grands préceptes de la Reli-*

gion & de la morale; vous vous trouveriez même, avec moins de pudeur & plus de connoissance de vous même; vous vous trouveriez les surpasser pour la plupart en principes comme en candeur: mais je m'arrête, non que j'aie pensé pouvoir m'écarter du vrai, quoi que j'eusse pu dire, mais par la seule crainte d'altérer un si pudique front, par la seule appréhension d'allarmer la plus douce modestie: elle est unanimement avouée & reconnue cette modestie; elles sont universellement reconnues toutes ces perfections. Une voix générale, tous les suffrages, la vénération la plus rare pour votre âge & pour votre sexe, sont la digne récompense & le dernier sceau d'un mérite aussi vrai qu'éclattant. L'Envie, ce monstre implacable, vous a épargnée; ce dangereux & si terrible ennemi de la vertu, respecta constamment la vôtre: tout ce qui vous environne & tout ce qui vous connut vous honora. Que pourroient, & mon hommage, & ma plus juste admiration, au prix de l'estime publique!

J'ai l'honneur d'être, avec le plus profond respect,

MADEMOISELLE,

Votre très humble & très
obéissant serviteur,
BOUSSANELLE.

PREFACE.

On écrit, on parle contre les ſemmes depuis long tems ; Juvenal fut un des premiers qui lança contre elles les traits de ſatyre injuſtes, que la malice & l'ignorance ont exagérés & perpétués juſqu'à nous. On n'épargne ce ſexe ſur rien ; on l'attaque amérement ſur tout ; on lui refuſe tout, & c'eſt pourtant lui qui poſſede tout, qui regle tout, qui ſubjugue tout, & dont les plus grands ennemis, les plus implacables Déclamateurs furent preſque toujours les plus grands eſclaves. Socrate, Ariſtote, Platon, Euripide, Petrone, Juvenal lui-même, Horace, Perſe, Boileau, la Fontaine & Moliere, apprès s'être efforcés de couvrir ce ſexe de honte ou de ridicule, ont ſubi le joug commun ; les uns trop heureux dans la ſervitude agréable & douce, les autres dans une dépendance, dans un eſclavage, dont on ne ſe douteroit pas en les liſant. Leurs Ecrits, ou mordants, ou licencieux, annoncent par-tout des Philoſophes ou des Cenſeurs invulnérables, incapables de ſuccomber par auſtérité, ou par opinion; mais leurs mœurs & leurs vies privées, tout auſſi connues que leurs Ouvrages, ne montrent plus que des hommes & des foibleſſes, des chaînes, & des mortels entierement aſſervis. Ce ſexe qu'ils ont ſi impitoyablement déchiré, qu'ils ont paru ſi fort mépriſer & braver dans le cours de leurs orgueilleuſes ſatyres, devient leur unique objet, fait leurs plus cheres délices; ils adorent, pour la plupart, follement, l'idole qu'ils ont eſſayé de briſer. Que de regrets! quel repentir de leur part! quel culte! que d'encens!

Mais qu'importe toute leur douleur de ne l'avoir pas prodigué plutôt & toujours? qu'importe un retour si naturel & si sincere? qu'importe leur penchant, quelqu'aveugle qu'il soit, si leur fiel, injustement versé dans tant d'Ouvrages cyniques, n'en passe pas moins à la postérité, qui les jugera, à la vérité comme nous-mêmes, parcequ'elle connoîtra & prisera autant que nous, ce qu'ils ont jugé si méchament dans leur premiere démence.

Un de ces hommes, malheureusement trop fameux & trop goûté par les Ecrits les plus pervers & les plus honteux, par la plume la plus dangereuse & la plus criminelle, celui dont l'Auteur du Poëme de la Religion a peint si heureusement & le repentir & la mort par les vers suivants:

Du Maître qui s'approche il prévient la justice,
Et l'Auteur de Joconde est armé d'un cilice.

b iv

La Fontaine enfin, livré trop long-tems à ſes abominables ſujets, reconnut à la fin de ſes jours, avec cette même naïveté qui l'avoit rendu ſi coupable, que l'Evangile & Salomon, dont, par un aveuglement ſans exemple, il avoit ignoré l'exiſtence & les ſecours pendant le plus long cours de ſa vie, étoient des Ouvrages inimitables; que c'étoient-là les vrais préceptes, les guides les plus certains, l'éloquence la plus vraie, la plus touchante & la ſeule utile. *Qu'eſt-ce que l'Evangile*, dit-il, avec toute la vérité qui faiſoit ſon caractere; *qu'eſt-ce que l'Evangile*, dit-il d'abord au Miniſtre reſpectable qui lui en parla, qui la lui vanta, qui tenta & acheva ſi facilement la plus édifiante des converſions? *Ah! la belle choſe que l'Evangile*, diſoit-il enſuite quand il l'eut connu, *que c'eſt bien écrit; on voit bien que ce n'eſt ni l'esprit, ni la main des hommes; que c'est la parole de Dieu, que c'est lui-même qui parle aux hommes.*

Que Salomon étoit vraiment sage, ajoûtoit-il encore, lorsqu'il eut vu, & qu'il eut été frappé de la vérité & de la force de ses Proverbes & de ses Paraboles! *Quelle vérité, quelle douceur dans tout ce qu'il dit*, s'écrie-t-il; *certainement cet ami de la sagesse, cet homme rare, ne pouvoit qu'être inspiré. Qu'il connoissoit bien les femmes! qu'il les connoissoit bien mieux que nous! qu'il avoit raison de vouloir qu'on aime comme une biche très chere, comme un faon très agréable la femme, la chere compagne qu'on a reçue de Dieu! Qu'il avoit raison de trouver, de fixer & d'attacher le bonheur de l'homme, autant qu'il peut être heureux sur la terre, à la possession d'une moitié chere & digne de l'être! Que tous ses Ouvrages en général, que ses importantes maximes*, *que ſes ſentiments m'ont plu*, *ſur-tout ce dix-neuvieme verſet*, *qui ne ſortira plus de ma mémoire! Qu'on eſt heureux de vivre & d'avoir vécu avec une telle femme*, répétoit il ſans ceſſe à ſes amis!

Cerva chariſſima & gratiſſimus hinnulus. Ubera ejus inebriant te in omni tempore, *in amore ejus delectare jugiter.*

Quelle vous ſoit comme une biche très chere, comme un faon très agréable. Que ſes mammelles vous enivrent en tout tems, & que ſon amour ſoit toujours votre joie. (*Chap.* 5. *verſ.* 19. *Proverb. Salom.*).

Tels étoient les remords, les cuiſants regrets de la Fontaine mourant, tels étoient les derniers entretiens de cet Ecrivain pernicieux avec ce qui lui étoit reſté d'amis vertueux & fideles, & avec Madame de la Sabliere, ſa conſtante & ſi reſpectable amie, dans la maiſon de laquelle il paſſa la plus grande partie de ſes jours ; tels furent ſa pénitence, ſa douleur, ſes gémiſſements & ſa fin. Quel exemple, quelle leçon n'a-t-il pas laiſſé, par cette conviction la plus entiere & la plus irrévocable des vérités de notre Religion, par ſa componction vive, par ce repentir amer, par ce repentir auſſi vrai que l'énormité de ſes fautes, particulierement à ceux qui, n'ayant pour eſprit & pour unique talent, que les ſeuls vices & la ſeule dépravation de leur imagination perverſe, cherchent en vain à l'imiter dans ſes coupables égarements, à ces gens ſans mœurs, ſans feu, ſans génie, plus bornés & plus médiocres encore, qu'il ne fut célebre dans ſon genre odieux, à ces langues, à ces plumes auſſi groſſieres qu'impures, dont on redoute journellement, & les diſcours obſcenes, & les Ecrits infames & ſéditieux ;

à ces libertins auſſi lourds qu'endurcis, qui, ſans pudeur, ſans honneur & ſans Religion, nient hautement, avec un Etre Suprême, la vertu, ſa plus noble, ſa plus vraie, ſa plus pure image; à ces hommes enfin qui, pleins de témérité, d'audace & de rage, ſe déclarent ouvertement les ennemis d'un ſexe qu'ils ignorent parfaitement, ou qu'ils ne connoiſſent tout au plus que dans cette indigne portion qui en eſt l'opprobre.

» Qu'on parle contre nous ſans » ceſſe, qu'on nous déchire en » tout & ſans pitié, quel mal » nous fait-on, diſoit *Hortenſia?* » Qu'on nous reproche notre at» tachement à la beauté, toute » notre vanité, quand nous ſom» mes belles, tous nos regrets » de l'être un peu moins, toute » notre envie de plaire ſans l'être, » notre peu de raiſon, le frivole » de notre eſprit, nos caprices,

» notre légéreté, notre peu de » solidité, notre inconstance na» turelle sur tout? Quel mal nous » fait-on, si nos mœurs chastes & » irréprochables nous restent, si » la vertu la plus entiere & la plus » intacte nous dédommage de » tout, si nos Juges les plus sé» veres l'épargnent & la respec» tent? Quel mal nous fait on? » Je m'aime avec passion, ajoû» toit *Hortensia*, je me trouve » belle, je l'avoue, je m'arrache » à l'étude pour ma toilette; je » quitte tout pour mon miroir, je » suis folle de ma figure: selon » moi rien n'est si beau que moi » dans la nature; je me trouve » tout aussi aimable, je conviens » de ces foiblesses; mes amis & » mes disciples les ont souvent » remarquées & me les repro» chent souvent; mais tous géné» ralement honorent ma sa» gesse: tous savent que j'aime » encore plus la vertu que ma

» propre beauté ; tous ceux qui en
» ont été touchés, tous ceux qui
» ſont tombés à mes genoux s'en
» ſont relevés bien vîte, pénétrés
» & frappés du reſpect qui m'eſt
» dû. Je ſuis par tout la même ;
» ma pudeur, ma vertu me ſui-
» vent & m'accompagnent par-
» tout, dans ma chaire, au mi-
» lieu de mes Ecoles, dans nos
» Cercles, dans les Places publi-
» ques, comme dans le ſombre
» de mon Lycée ; je me reſpecte
» par-tout moi-même ; je ne me
» permets rien. Seule même je
» ſuis modeſte, comme ſi j'étois
» vue, parceque je dois l'être par-
» tout. En tout lieu je corrige
» d'un propos licencieux ou har-
» di, le plus effronté, le plus au-
» dacieux ; j'en trouve peu, par-
» ceque je ſuis connue ; par-tout
» je baiſſe mes beaux yeux dans
» le moment même qu'on les ad-
» mire, parcequ'ils ſont auſſi purs
» que beaux ; jamais rien ne les

» souilla, ni mon ame. Mes pen-
» sées & mes regards ne furent
» jamais, ni libres, ni criminels,
» je ne m'en reproche aucun ; ils
» ne se porterent jamais que sur
» les objets les plus indifférents &
» les plus exempts de remors.
» Voilà ma conduite & ma vie
» solitaire ou publique. Qu'on me
» censure, j'en ris ; je ne crains
» rien. Que de femmes sont tel-
» les ! que j'en connois qui me res-
» semblent ! *Maresia*, & tant
» d'autres, sont comme moi in-
» fatuées de leur beauté, & vive-
» ment sensibles au plaisir d'être
» trouvées belles ; mais *Maresia*
» & toutes nos cheres compagnes
» sont aussi chastes qu'elles sont
» belles ! Que d'autres femmes si
» précieuses & si estimables, mal-
» gré le sentiment des hommes,
» tout-à-la fois nos ennemis & nos
» admirateurs ! que d'autres fem-
» mes singulieres & rares en

» tout ce que comporte la foible » & bornée humanité ! que j'en » connois ! qu'il en fût ! qu'il en » est de raisonnables, de coura- » geuses, de constantes, de fer- » mes, de discretes, de glorieu- » ses & de desireuses que leurs » maris ne leur cachent rien, » voulant posséder toute leur foi, » toute leur confiance pour faire » le meilleur usage de tout ce qui » leur est révélé & confié ! Mes » Ecoles retentirent plus d'une » fois du stratagême héroïque de » la femme de Brutus : j'ai sou- » vent donné pour exemple à tous » mes Disciples de l'un & de l'au- » tre sexe, la courageuse *Porcia* ; » son tendre & innocent desir de » découvrir la cause de la tristesse » de Brutus, son noble & violent » moyen de la lui arracher, & » toute sa fidélité à garder avec » tant de prudence & de précau- » tion le secret de la conspiration » à elle seule révélé ». Ce

Ce que dit *Hortensia* de la femme de Brutus, Plutarque & tous les contemporains le rapportent de même. Plutarque y ajoûte le détail de tout ce que fit *Porcia* pour découvrir la conspiration, dont elle garda si inviolablement le secret ; il a cru devoir transmettre aux races futures le portrait de cette femme : & tous les portraits de cet Historien, tout ce qu'il écrit, tous les faits qu'il raconte sont dans la plus exacte vérité : le voici.

» Cette jeune Dame, étant
» savante en la Philosophie, ai-
» mant son mari, & ayant le
» cœur grand, joinct avec un bon
» sens & une prudence grande,
» ne voulut point attenter d'in-
» terroger son mari de ce qu'il
» avoit sur le cœur, que premie-
» rement elle n'eût fait une telle
» épreuve de soi-même ; elle prit
» un petit ferrement avec lequel

» les barbiers ont accoutumé de » roigner les ongles, &, ayant » fait ſortir de ſa chambre toutes » ſes femmes & ſervantes, elle ſe » fit une plaie bien profonde de- » dans la cuiſſe, tellement qu'il » en ſortit incontinent une gran- » de effuſion de ſang : & voyant » que ſon mari s'en tourmentoit » fort, & en étoit en fort grand » eſmoi, au plus fort de ſa dou- » leur, elle lui parla en cette ma- » niere : Je (dit-elle), Brutus, » eſtant fille de Caton, t'ai été » donnée, non pour être parti- » cipante de ton lict & de ta ta- » ble ſeulement, comme une con- » cubine, ains pour être auſſi par- » ſonniere & compagne de tou- » tes tes bonnes & mauvaiſes for- » tunes; en diſant ces paroles elle » lui montra ſa bleſſure, & lui » compta comment elle ſe l'avoit » faite pour s'eſprouver elle mê- » me. Brutus fut fort eſbahi quand

» il eut oui ces paroles, en levant
» les mains au Ciel, fait prieres
» aux Dieux de lui faire tant de
» grace qu'il peut mener à chef
» son entreprise si bien qu'il fut
» trouvé digne d'estre mari d'une
» si noble Dame comme *Porcia*,
» laquelle pour lors il réconforta
» le mieulx qu'il peut, lui apprit
» la conspiration, qu'elle garda ».
(*Plutarq. M. Brutus. Feuillet* 584. & 585.).

Mais, sans s'arrêter plus longtems, ni à tout ce que Hortensia nous dit & nous apprend d'elle-même, & de tant de femmes qu'elle a connues & chéries, ni de ce qu'elle rapporte, ainsi que Plutarque, de la femme de Brutus; jettons les yeux sur ces monuments si barbares & si curieux, des monstres de la loi de Mahomet! Qu'on lise tant de faits & de Manuscrits Orientaux, qu'on parcoure les fastes de l'Asie, &

on verra dans les événements principaux des plus grands regnes, dans les plus terribles révolutions de cette vaste & cruelle partie du monde, sur ces théâtres toujours si sanglants, les femmes aujourd'hui dans l'esclavage honteux du serail ; on les verra pour lors arracher les Couronnes, briser les sceptres, monter sur les Trônes, & n'en descendre que pour y placer, ou de plus grandes femmes, ou des hommes vertueux; on verra une *Amansaïre* refuser tous les Rois de l'Orient qui la recherchoient, renoncer à sa postérité & au mariage, pour le seul bonheur de ses Peuples, & partager le Royaume de ses Peres avec un vil Eunuque, dans lequel elle avoit découvert un esprit supérieur de Gouvernement : on verra une *Oroxane* abdiquer la Couronne, faire regner à sa place sa sœur *Comoxene*, la défendre des perſécutions du cruel époux qu'elle lui avoit donné elle-même, armer contre ce Tyran, le combattre, le vaincre & le détruire, & placer ſur le Trône à côté de ſa ſœur, celui de ſes enfants que les Vieillards & les Sages de ſon Peuple conſulté, avoient jugé le plus digne de regner après elle.

C'eſt enfin d'après les Textes ſacrés & profanes, d'après les traditions diverſes de tous les ſiecles, d'après l'Hiſtoire de toutes les Nations & de tous les tems, & d'après nombre d'eſſais anciens ou nouveaux ſur les femmes, que j'ai cru pouvoir tenter, avec quelques autres réflexions, leur parallele avec les hommes les plus célebres; je n'ai pas prétendu captiver leurs ſuffrages par aucune adulation baſſe, par des flatteries & des hommages indignes d'elles & de moi. Loin de toute galanterie & de la plus petite envie de plaire à ce ſexe, que j'honore & que je reſpecte ſans le moindre intérêt, je retrace, je raſſemble, en Hiſtorien exact & fidele, les anecdotes frappantes, les traits lumineux, les hauts faits, les actions merveilleuſes & mémorables, le courage, l'eſprit, la ſageſſe & la vertu des plus grandes femmes. Il en eſt une de nos jours trop ignorée, & qui ſe plaît à l'être. Que ne m'eſt-il permis d'en révéler les vertus & le nom ! Il en eſt une de ces mortelles rares, capable ſeule d'atteſter la vérité des Hiſtoires, capable ſeule d'établir & de fixer, parmi ces hommes qui doutent, la juſte opinion d'un ſexe ſi peu connu ! Que ne peut-elle être connue elle-même, ſon ſexe le ſeroit par elle; & tout le mien, l'admirant perſonnellement avec moi, ceſſeroit du moins d'outrager ſes ſemblables : c'eſt elle ſeule qui fut l'objet de mes travaux : c'eſt ſon amour pour la vertu, toute ſa piété, la naïveté & la pureté de ſon eſprit, l'excellence & la juſteſſe de ſon jugement, ſon ſage & profond ſavoir, ſa mâle ſolidité, ſa ſageſſe, ſes vives lumieres ſur-tout, & la plus rare modeſtie : c'eſt enfin cette reſpectable Anonyme, que j'ai voulu peindre & conſacrer à la poſtérité, au milieu des femmes les plus illuſtres, & à côté de cette célebre Moderne (1), qui, forcée de s'inſcrire elle-même dans le Catalogue, dans le précieux Recueil des plus ſavants hommes de l'Europe, y mit ſon nom malgré elle, & ce vers de Sophocle, qui les peint ſi bien toutes deux :

Le ſilence eſt l'ornement des femmes.

(1) Anne le Fevre, depuis Dame Dacier.

TABLE DES CHAPITRES.

ESSAI

ESSAI SUR LES FEMMES.

CHAPITRE PREMIER.

De la Beauté.

» LES FEMMES, dit la Bruyere, » ont ſur les hommes un empire naturel, qui eſt celui de la Beauté ; un beau » viſage eſt le plus frappant de tous » les ſpectacles : mais, ajoûte-t-il, le » Caprice eſt tout proche de la Beauté » pour être ſon contrepoiſon ».

Ariſtote avant lui regardoit également la Beauté comme un don ; le Philoſophe Bion, plus ſenſément, comme un bien pour les autres.

Socrate l'envisageoit, avec plus de raison encore, comme une tyrannie de peu de durée; Theophraste, comme une tromperie muette; Theocrite, comme un beau mal; & Carneade, comme une Reine sans gardes.

En effet la Beauté n'est-elle pas de tous les présents du Ciel le plus dangereux, si l'on ne s'en sert que pour s'exposer à se perdre & à se corrompre; si, ne pouvant résister à quelques viles & si courtes adorations, on ne craint pas de voir succéder, souvent à de faux hommages, le plus certain & le plus infaillible mépris.

Un beau visage peut être le plus beau des spectacles aux yeux de l'humanité en général; mais ce n'est jamais qu'un spectacle, qu'un plaisir passager & momentané, pour ceux même qui, contents d'admirer un beau front, d'idolâtrer une belle statue, s'empressent peu de connoître ce qui l'anime; pour ceux même qui, satisfaits d'un peu de matiere, d'une écorce, d'un physique, d'une enveloppe qui les éblouit un moment, négligent de chercher les vrais charmes, d'appercevoir l'essentiel, le solide, l'indispensable, le mérite, l'objet & la fin de toute existence. Ah! sans le secours du Caprice, quelque proche qu'il puisse être, qu'il est facile de trouver tant d'autres contrepoisons!

Le vrai beau, le plus beau de tous les spectacles, est une belle ame; il est le plus durable & le plus touchant: la Vertu & la Vérité, qui en sont l'essence, ont un extérieur & des signes certains qui ne sauroient tromper. L'ame véritablement belle est aussi apparente que les traits qui frappent nos yeux; on l'apperçoit, on la voit, on la suit, on l'admire dans tout ce qu'elle pense, dans tout ce qu'elle est: on l'imite lorsqu'on desire d'être vertueux, & on desire bien sûrement de l'être, quand on est bien persuadé & si convaincu qu'elle est l'image & la seule image sensible de cet Etre Suprême qui la créa, & qui ne la créa que pour lui.

Demade, dans Stobée, déplore le sort des personnes qui ne sont que belles, & dont l'appanage particulier & principal n'est point la vertu; parceque, dit-il, ce patrimoine indispensable des Femmes, qui fait leur bâtardise ou légitimité, leur gloire ou leur honte; cette unique perfection & qualité, qui seule mérite si fort nos hommages, avec l'amour & le respect des humains, doit être considérée d'autant plus précieuse, qu'elle peut être dite l'unique garde, trésor & défense de la beauté.

Un beau garçon, dit Plutarque dans ses Préceptes du mariage, ayant vu Theano, femme de Pythagore, montrer le coude pendant qu'elle s'habilloit, & s'étant écrié: *Voilà un beau bras*, elle répondit: *Il n'est pas au Public* :

La même Theano, rapporte encore Plutarque, ayant été interrogée sur le devoir d'une femme vertueuse, & quel usage elle pouvoit faire de la beauté, répondit que ce devoir & cet usage étoient bien faciles, puisqu'il ne s'agissoit que de plaire à son mari.

L'anonyme qui parle dans Suidas, apprend qu'Hypatie, fille du Philosophe Theon, & qui succéda à sa Chaire dans l'Ecole de Platon fondée par Plotin, aussi fameuse par sa beauté & par la pureté de ses mœurs, que par son éloquence, ne pouvant absolument se délivrer des persécutions d'un de ses

Disciples devenu amoureux d'elle, lui montra un linge taché, en lui disant : *Jeune homme, voilà ce que tu aimes*, & que ce spectacle le guérit de sa passion.

La femme belle & insensée, dit le plus sage des Rois, est comme un anneau d'or au museau d'une truie, *circulus aureus in naribus suis, mulier pulchra & fatua*. (Chap. XI. vers. 22. Proverb. Salom). Et celui, ajoûte-t il, qui a trouvé une bonne femme, a trouvé un grand bien, & il a reçu du Seigneur une source de joie, *qui invenit mulierem bonam, invenit bonum, & hauriet jucunditatem à Domino*. (Chap. XVIII. vers. 22. Proverb. Salom.).

Qu'est-ce qu'une belle femme, disoit à son mari une des plus belles & des plus vertueuses créatures du siecle, vous le savez, lui disoit-elle, que c'est une idole de plâtre, un tas de boue & de poussiere, couvert pendant quelque tems, d'un certain vernis; un phantôme dans son plus beau moment, & bien-tôt après un squelette : je ne desirai jamais vous être chere, ô mon estimable époux, par des avantages si frêles, si fragiles & si vains ; mon amour

& ma fidélité vous fixerent! L'un & l'autre nous restent, & tels que nous puissions devenir maintenant, nous nous chérirons également jusqu'au bout du songe.

Qu'on ne s'y trompe point, c'est moins la beauté que la vertu qui allume les grandes passions : la beauté peut frapper & séduire ; elle peut enflammer quelques instants, mais elle n'arrête point seule ; elle a besoin, selon l'expression d'un Ancien, de cette digne compagne qui fixe près d'elle, & sans elle, parceque c'est elle seule que le vice même desire & recherche ; parceque c'est elle seule qui forme & perpétue toute honnête & heureuse union ; parceque c'est elle seule qui fait le vrai relief, le vrai coloris, & le cadre de toute espece de tableau.

» Une belle femme qui a les quali-
» tés d'un honnête homme, est ce qu'il
» y a au monde d'un commerce plus
» délicieux ! l'on trouve en elle tout le
» mérite des deux sexes ». (*La Bruyere*).

Ce furent les Graces, il est vrai, qui apprivoiserent la fierté des premiers hommes, qui leur mirent le joug sur la tête ; mais ce fut la vertu qui les retint dans la servitude, & qui la leur fit aimer; ce fut la vertu qui fit seule les grandes réputations & les chaînes indissolubles : la beauté fut toujours une fleur tendre & de bien courte durée, qui ne laissa jamais après elle que des ennuis, & souvent du repentir; la vertu tint toujours le sceptre; son empire, toujours égal, s'étendit sur tous les siecles & sur tous les hommes; elle regna; elle regnera toujours sur eux.

La Duchesse de Valentinois, & la belle Agnès de Sorel ne furent pas les femmes de leur siecle les plus respectées, ni les plus honorées, même de Charles VII.

Henri IV considéra bien moins la belle Gabrielle d'Estrées qu'Antoinette de Pons de Guercheville, qui lui résista constamment, & à laquelle ce grand Monarque finit par dire : *Puisque vous êtes véritablement Dame d'honneur, vous le serez de la Reine ma femme.*

Catherine de Rohan, depuis Duchesse de Deux-Ponts, mérita bien moins son respect & ses constants hommages par sa beauté que par sa réponse, lorsqu'elle lui dit avec fierté : *Je suis trop pauvre pour être votre femme, & de trop bonne Maison pour être votre Maîtresse.*

Mademoiselle de Hautefort ne conserva l'estime de Louis XIII qu'en se conduisant bien différemment de la plupart des femmes de sa Cour.

Louis XIV aima la Valliere, Mademoiselle de Fontanges & Madame de Montespan; mais Mademoiselle de Harcourt, par l'admirable conduite qu'elle tint avec son Maître, s'attira, bien plus que par tous ses charmes, & tout aussi particulierement que Madame de Maintenon, la plus haute estime & toute la considération de ce grand Roi.

La beauté n'a rien de touchant & de décisif par elle-même, j'ose le dire, & crois le prouver. Qu'on apperçoive une belle personne, le premier mouvement est de s'y arrêter; mais sur-le-champ, & tout aussi promptement que le regard, que desire-t-on? qu'elle soit vertueuse, me dira-t-on, quand on l'est soi-même. Qu'est-on quand on ne l'est pas? Voilà l'hommage; il appartient donc bien moins à la beauté qu'à la vertu; car les yeux qui se sont portés un moment, & d'eux-mêmes, ſans le moindre conſentement de l'ame, ſur ce bel extérieur, s'en détournent bien vîte, & ſouvent avec indignation, ſi quelque choſe, qui eſt ſi fort au-deſſus de la beauté, & que tout mortel, quelque vicieux qu'il ſoit, lui préfere, ne vient, pour ainſi dire, la décorer, l'orner & l'embellir elle-même.

La beauté ſeule n'eſt que faſte, qu'orgueil, que fierté, que légéreté; elle attire moins qu'on ne croit; elle éloigne à-coup-sûr tout ce qui eſt vraiment ſage & capable de réflexion : une belle femme qui n'eſt que belle, n'a rien d'agréable ni de ſolide; elle ſe regarde comme une idole : lui refuſer de l'encens eſt un crime, & toujours le crime des gens vertueux; le lui prodiguer eſt un tribut : cette adoration, qu'elle attend, qu'elle exige de tout ce qui l'environne, la flatte peu; le déni du culte l'offenſe; elle eſt impérieuſe, inconſtante & diverſe avec tout ce qu'elle ſubjugue & qui la contemple; elle abhorre tout ce qui la brave & la voit d'un œil indifférent : ſa vie eſt agitée & malheureuſe, & le choix qui la termine eſt preſque toujours déteſtable.

» A juger de cette femme, dit » l'Auteur des Caracteres, par sa » beauté, par sa jeunesse, sa fierté & » ses dédains, il n'y a personne qui » doute que ce ne soit un Héros qui » doive un jour la charmer : son choix » est fait; c'est un petit monstre qui » manque d'esprit. «

Quand la beauté est tempérée par la vertu, ou la vertu seule sans beauté, (elle est si belle, & bien plus belle elle-même); quand, dis-je, la beauté n'a rien de sa morgue, de ses dédains & de ses folles prétentions, elle a des droits, mais elle les limite; ils ne s'étendent que sur un seul, elle les ignore presque, & ne s'en prévaut jamais.

Il en est de la beauté comme de toutes les autres perfections, qui ne sont réelles, qui ne séduisent & ne donnent enfin quelque célébrité, que par l'usage, par l'aimable & la douce simplicité.

La tendre épouse d'Abailard, la belle Héloïse, la gloire & l'ornement de son sexe, fut bien moins connue par sa beauté, par la connoissance profonde qu'elle eut des Langues, des

Mathématiques, de la Philosophie, de la Théologie, & de toutes les hautes Sciences, dans lesquelles elle ne fut inférieure qu'à son seul époux, que par l'histoire de ses chastes amours. Si le jardin de l'illustre Vieillard d'Athenes & l'Ecole Stoïcienne se vantent également d'avoir eu pour disciple Théophile, si fameuse par son érudition; l'un & l'autre se contentent de dire de sa beauté & de ses mœurs, qu'elle fut plus chaste que Sapho, & qu'elle ne fut ni moins savante, ni moins belle.

La belle Hipparchie, renonçant à la molesse & méprisant sa beauté, endossant superbement la besace de Cratès, & le suivant dans ses expéditions philosophiques, devint infiniment plus célebre par l'amour de la vertu, par l'étude de la sagesse, par sa vie pénible & austere, que par le mépris même de toute sa beauté.

On trouve dans le IIIe livre de l'Anthologie, au titre des femmes, cette épigramme d'Antipater sur Hipparchie (1).

(1) Antipat. Liv. III, Epigramme à Canius.

» Je n'ai point imité les mœurs dé-
» licates des femmes, j'ai suivi la vie
» dure & austere des Cyniques; je
» n'aime ni à avoir des agraffes à mon
» manteau, ni à mettre des ornements
» aux pieds, ni à m'oindre le front;
» je marche avec un bâton, je vais
» nuds pieds, je porte un habit dou-
» blé, & la terre me sert de lit ». Cette vie est d'autant plus préférable à celle des Chasseuses du Mont Ménale, qu'il vaut mieux s'occuper de la sagesse, que de courir les montagnes.

CHAPITRE II.

De l'Amour.

» POINT d'amitié sans vertu, dit un
» Philosophe du siecle; l'union de deux
» Amants sans mœurs n'est point de
» l'amour; c'est une association odieuse
» qui les fait entrer en commerce de
» vices, & établit entr'eux une compli-
» cité réciproque ».

L'amour est selon les mœurs, puisqu'il est cette inclination naturelle que les deux sexes ont l'un pour l'autre; cette affection est de l'essence humaine, & ne cesse d'être un sentiment légitime que lorsqu'elle se fixe sur plus d'un objet : cette affection cesse totalement, elle n'existe plus dès qu'elle n'est point unique.

Il en est de l'amour comme du cœur; pour peu qu'il soit partagé, il ne sauroit vivre.

Cor ubi discideris, vita fugiente peribit
Sic quoque divisus, vivere nescit amor.

Le penchant pour un seul est ce qu'on peut nommer amour; s'il s'étend au-delà, c'est le vice.

Il est certain, dit le Chancelier Bacon, ou que l'amour se paie par l'amour, ou qu'il est très méprisé.

Les premiers charmes de l'amour & son premier caractere sont la bonne foi, la paix, l'innocence & cette douce joie qu'inspirent les vrais mouvements de la Nature.

Deux Amants vertueux vivent heureux; & ignorés dans un coin de la terre, ils jouissent du plaisir de s'adorer, ils s'y abandonnent; leurs jours s'écoulent dans la plus chaste ardeur;

ils ne renaiſſent que pour les y retrouver : le préſent, en leur rappellant le paſſé, les encourage à s'aimer ſans ceſſe, & ils ne peuvent enviſager dans l'avenir que le même bonheur qui les pénetre aujourd'hui ; heureux de vivre pour s'aimer, pour ſe conſacrer tous les moments de la vie, ils ne craignent mutuellement que ce dernier & infaillible inſtant qui doit les ſéparer un jour.

Le terme de l'amour eſt de n'en point avoir (1).

Deux Amants vertueux n'ont beſoin que de leur imagination ; elle leur tient lieu de tout ; elle remplace tout : cette imagination offre ſans ceſſe à leurs yeux tout ce qui exiſte de plus agréable & de plus charmant dans la Nature ; par-tout où ils ſont enſemble, ils ne voient que des parterres émaillés de fleurs, des boſquets toujours verds, des fontaines de criſtal prodiguant leurs eaux ſous mille formes différentes, des grottes, de riants côteaux, des valons frais & ſombres ; par-tout où ils ſont enſemble ils reſpirent l'air le plus doux, le

(1) Racine, Poëme de la Rel. Chant VI, pag. 159.

plus tempéré, l'haleine des zéphirs les rafraîchit sans cesse; le séjour le plus sauvage est délicieux pour eux : ils regnent sur toute la Nature; par-tout ils voient produire aux arbres des fleurs & des fruits en tout tems; ils entendent par-tout les plus doux murmures, les plus beaux ramages, & les accents les plus mélodieux: leur vie est un Printems éternel, & de toutes les illusions de l'humanité, la plus douce & la plus sensible. En est-il de comparable aux vrais biens d'une telle union? Et pourroit-on nier qu'une telle union, un tel penchant, dont les nœuds sont toujours indissolubles, quand ils sont chastes, ne soit l'effet d'un rapport d'humeurs, d'une sympathie, d'une prévention réciproque, & d'une conformité de goûts, qui le forma, & qui le perpétue?

Telle est la puissance de l'Amour; il ne montre que des délices, & donne des charmes au chagrin même; il soulage, il suspend toute douleur, il dissipe toute inquiétude.

Qui ne conçoit effectivement que dans une communication perpétuelle de ses joies & de ses afflictions, les unes doivent redoubler, & les autres diminuer ou disparoître, & que l'ame la plus agitée doit se calmer & redevenir tranquille à la vue de cet objet qui l'intéresse avant tout, & plus que tout?

Les combats, les maux, les souffrances de l'amour, les obstacles le rendent plus touchant encore; loin que ses tristes effets rebutent, il n'en devient que plus intéressant par ses malheurs même: l'absence, un de ses plus grands tourments, se tourne en plaisir par le souvenir délicieux que l'on s'aime, & que toute distance & le plus grand éloignement ne sauroient exposer au moindre danger.

Oui, les Amants trouvent des plaisirs inexprimables dans les inquiétudes même qui tourmentent leur esprit; & on a souvent dit, avec raison, en parlant de l'Amour, que tous les autres plaisirs ne valent pas ses peines.

Les peintures de l'amour, qui sont dans certains Ecrits des Anciens, surtout des Grecs, dont le cœur étoit excessivement sensible, touchent tous les Peuples; elles ont touché tous les siecles, parceque le vrai fait son effet dans tous les tems & sur toutes les Nations

Nations : ces Peintres trouvent partout des cœurs qui ressentent les mouvements dont elles sont des imitations naïves ; ainsi l'amour que les bons Poètes de la Grece avoient mis dans leurs Ouvrages, touchoit infiniment les Romains, parceque les Grecs avoient dépeint cette passion avec ses couleurs naturelles.

Horace, en parlant des vers de Sapho, s'exprime ainsi :

Spirat adhuc amor
Vivuntque commissi calores
Æoliæ fidibus puellæ.

Qu'on déteste à jamais les Odes de cette Muse de Mytilene, de cette fille plus passionnée & plus désordonnée que tendre, dans lesquelles le seul déréglement des mœurs a peint les symptômes de l'amour-passion ? Qu'on déteste dans les Eglogues de Virgile l'aveugle fureur & le désespoir amoureux de Gallus ? & qu'on abhorre enfin & les débauches d'Anacréon, & les chants faux & dangereux de tous ses foibles & coupables imitateurs.

Les peintures de cette passion qui sont dans les poésies des Romains, nous affectent & nous touchent, comme celles des Poètes Grecs touchoient les Romains, & comme les nôtres affecteront sans doute les peuples qui nous succéderont. Quoi qu'il en soit malheureusement de plusieurs de nos meilleurs Auteurs, comme de la plupart des anciens, sans épargner Horace même, qui ne sont que trop souvent plus grossiers & brutaux que libres, dès qu'ils parlent d'amour, & ce n'est pas sans raison que la Nature arme contre eux, sur-tout contre l'infâme volupté du Chantre de Téos, contre l'obscene liberté de Catulle, & contre les horreurs de Petrone, la plus belle & la plus vertueuse moitié du monde; ce dernier Auteur seroit inimitable par la beauté & la sublime naïveté de ses narrations, s'il s'en étoit tenu à sa Matrone, & à son repas de Trimalcion.

Quand l'amour n'est pas une vertu; il est le plus honteux des vices.

Il vient un tems, disoit Madame de Maintenon à Louis XIV, où de longs remords succedent aux courts plaisirs. Tournez, Sire, vos regards vers les grandes Carmélites, parlant de Madame de la Valiere, & voyez comme on s'en punit.

Est-il en effet rien de plus grand que la conversion de Madame de la Valiere, trente cinq ans Carmélite sous le nom de Sœur Louise de la Miséricorde, plus grande aux yeux du Chrétien & du Roi même, sous le cilice, dans l'humiliation, aux pieds des autels (1), que lorsqu'assise à côté du trône, elle voyoit un peuple de flatteurs mendier en tremblant un de ses regards : ses plaisirs avoient fait ses inquiétudes, ses souffrances firent sa joie. Est-il rien de plus grand que cette illustre Pénitente, lorsqu'elle apprit par M. Bossuet la mort de son fils le Comte de Vermandois ; faut-il, dit-elle, que je pleure la mort d'un fils, dont je n'ai pas encore achevé de pleurer la naissance.

L'amour meut tout ce qui respire, il est la cause premiere & le grand mobile de tout : il est le seul charme de la vie, tout reconnoît son empire ; l'amour est la voie du cœur, l'expression, le cri de la nature ; c'est un sentiment involontaire de l'ame qui nous porte

(1) Mémoires de Maintenon.

& nous fait tendre naturellement à une union, à une possession mutuelle, à un objet qui devient un second nous-même; mais ce sentiment ne nous mene que vers un, sinon le cœur est dépravé, & alors ce n'est plus de l'amour. Un véritable amour est éternel, la cessation de ce sentiment d'affection, qu'on nomme inconstance, suppose qu'on n'a jamais véritablement aimé, & que le cœur est vicieux; un cœur exempt de vice, & qui n'est que tendre, aime uniquement & toujours un même objet.

» L'Amour, dit l'Auteur des Mœurs, » (1) est une passion nécessaire au » genre humain, sans elle il retom» beroit dans le néant: le goût d'un » sexe pour l'autre, sert à les perfec» tionner tous deux; il forme des » unions délicieuses, lorsqu'une raison » éclairée y préside & le dirige; guidé » par une raison dépravée, ce n'est » plus qu'une fureur aveugle; sa fin » n'a rien que de conforme au vœu de » la nature; il tend à l'union d'un sexe » avec l'autre, & cette union est légi» time; ce n'est donc point ce goût

(1) Panage, premiere Partie, pag. 11.

» qu'il s'agit de réprimer. Vous avez » le cœur tendre, ne travaillez point » à le rendre insensible; mais fixez vo- » tre tendresse sur des objets qui ne » vous détournent point de la vertu, » ou plutôt n'aimez que ceux qui vous » y portent «.

Les deux sexes ont entre eux une liaison si forte & si naturelle, que le desir de l'union est presque toujours le germe de l'ame la plus innocente.

Les femmes sont le premier vœu, l'idole de notre cœur; les hommes sont le premier vœu, l'idole de celui des femmes. On se crée réciproquement & involontairement cette idole : on l'encense, on l'adore, on s'en fait un culte & sa plus grande félicité. La bienveillance & l'amitié ne sauroient unir & lier que les personnes d'un même sexe; l'amour est un sentiment presque inné dans l'homme pour la femme, dans la femme pour l'homme; c'est l'instinct, c'est la nature; rien n'y résiste, il triomphe de tout : il est peu de Héros, de grands Hommes, & de Philosophes même qui aient été insensibles à cette passion; certains l'ont portée jusqu'à la dissolution des mœurs; plusieurs autres ont évité ce dangereux écueil, & n'ont cédé qu'au penchant sans foiblesse & sans désordre.

Xenocrate, Philosophe fameux par sa continence, résista à Phrynée & à Laïs, les plus dangereuses débauchées de son tems; mais il aima Sidate, parcequ'elle étoit digne de lui.

Aristote appelle la femme un monstre de nature, & cependant Aristote offre de l'encens & sacrifie à une concubine d'Hermias, qu'il avoit épousée.

Periclès, l'Oracle d'Athenes, aima éperduement Menippe; il s'avoua également Disciple d'Aspasie, & convint lui devoir son éloquence.

Solon, le plus renommé des sept Sages, & le Législateur de cette République, fut amant d'Orgine, fille d'Amphiclès.

Diotine enseigna à Socrate cette partie de la Philosophie qui apprend à régler l'amour; il le dit lui même dans le Banquet de Platon; mais Socrate n'en fut pas moins le disciple & l'esclave d'Aspasie; il le fut encore de Timandre, jeune Phrigienne; & cette derniere passion excita la plus violente jalousie de sa femme Myrtho, fille d'Aristide le juste.

Alcibiade fut presque toujours le rival de Socrate ; il aima comme lui Timandre & la lui enleva : il fut l'amant d'Aspasie, femme de Periclès ; & ses amours, si l'on peut nommer ainsi des commerces infames, ne finirent que lorsqu'Athenes le proscrivit : il s'attacha pour lors à la Reine de Sparte, chez laquelle il se retira.

Alexandre céda aux charmes de Statira.

Hercule soupira pour Omphale.

Antoine aima Cleopatre.

Annibal s'enivra de sa passion dans Capoue.

Appius Claudius le Decemvir, qui avoit mené la vie la plus sage, la plus austere & la plus retirée, aima ; mais ce fut en Philosophe, en homme vertueux.

César aima Murcie avant d'épouser Pompeïa.

Caton d'Utique, que Seneque appelle la vive image des vertus & l'unique modele d'un homme sage, fut subjugué par Martia, dont il fut idolâtre.

Euripide eut beau déclamer contre les femmes, Petrone & Bocace écrire aussi obscénement qu'injustement contre elles, non-seulement ils payerent les uns & les autres ce tribut de nature, & plutôt en esclaves qu'en Amants; mais ils reconnurent encore que ce sexe, qu'ils avoient si fort déchiré, méritoit des hommages plus purs que les leurs, & que la vertu si long-tems outragée dans leurs infames Ouvrages, que le plus réel, le plus cher & le plus bel appanage de la plus grande partie des femmes, obtenoit tôt ou tard les respects & la vénération même des plus vils, des plus méprisables des humains.

Platon céda lui-même; il aima la vertueuse Archeanasse de Colophon, quoiqu'extrêmement âgée; il la quitta ensuite pour la belle Agathone: voici comme il parle d'Archeanasse.

» J'aime Archeanasse malgré sa vieillesse & ses rides: vous qui la servites » les premiers sans en jamais rien ob- » tenir, que vous dûtes souffrir de l'at- » tachement que vous aviez pour elle » lorsqu'elle étoit moins âgée ».

Il fit aussi cette espece de poësie pour Agathone:

Tandis que j'étois auprès d'Agathone,
Mon ame étoit prête à me quitter

L'amour

L'amour qui naît subitement, dit la Bruyere dans ses Caracteres, est le plus long à guérir. Je crois pouvoir ajoûter à la maxime de ce Theophraste moderne, que c'est moins la subite & prompte naissance & la vivacité de ce sentiment qui en fixe la durée, que sa pureté, son motif & son désintéressement. Le vice inspire des goûts, la vertu seule fait les grandes passions; les goûts sont passagers, parceque c'est la galanterie ou le libertinage qui les fait naître; la passion n'a point de fin, parceque son principe & son but sont la vertu : quand on aime véritablement, on aime toujours, ou on n'a jamais aimé; voilà la passion, voilà l'amour. Dans les grandes ames, dans les ames pures, il ne fut jamais le principe des désordres, il ne connut jamais ni inconstance ni légéreté ; ses langueurs, ses desirs, ses douces émotions, son enthousiasme même sont innocents, & de-là ces sentiments doivent être sans bornes & sans termes. Si on a aimé différemment, on s'est trompé; on a cru aimer, on n'a voulu que s'égarer & en égarer d'autres. C'est en un mot un paradoxe qu'un violent amour ſans délicateſſe. Catulle même dit à l'Hymen : *Nil poteſt ſine te Venus, fama quod bona comprobet, commodi capere, &c.*

Louis XIV, au milieu de ſa Cour, quittant bruſquement les Ambaſſadeurs d'Eſpagne, courant lui-même ſeller un cheval pour aller voir à Chaillot Mlle de la Valliere, qui s'y étoit retirée, & partant accompagné d'un ſeul Page nommé Luzancy, aime bien moins dans ce moment même Mademoiſelle de la Valliere, qu'il n'aima Madame de Maintenon : Louis XIV eut pluſieurs goûts, mais il n'eut qu'une ſeule & unique paſſion.

Les femmes, dit encore la Bruyere, vont plus loin en amour que la plupart des hommes.

J'en conviens, mais j'entends qu'elles aiment davantage & toujours ; leur ſentiment plus vif, plus délicat & plus durable, rend cette paſſion chez elle plus vive & plus forte, mais leur flamme eſt naïve & pure ; elle part immédiatement du cœur, & ne cherche que le cœur. S'il s'en trouve qui éprouvent des ſenſations différentes, & qui ne veuillent dans leurs liaiſons que le ravissement des sens, ce ne sont plus des femmes, ce n'est plus ce sexe pieux, dévot & chaste, ce sexe généralement si estimable, qui chérit naturellement, & par-dessus tout, l'honneur & la vertu; c'est une portion méprisable à retrancher d'elles, indigne d'elles bien plus que de nous; ce n'est plus de l'amour, c'est corruption de l'ame & des sens; c'est déréglement des mœurs; c'est un déplorable vice de la complexion; ce sont enfin des femmes prostituées, semblables à cette Courtisanne que Salomon peint si souvent dans ses Proverbes.

Multos enim vulneratos dejecit, & fortissimi quique interfecti sunt ab ea.

Car elle en a blessé & renversé plusieurs, & elle a fait perdre la vie aux plus forts. (*Proverb. de Salom. Chap. VII, vers. 26.*)

Et dans le Chapitre précédent,

Favus enim distillans labia meretricis, & nitidius oleo guttur ejus :

Car les levres de la prostituée sont comme le rayon d'où coule le miel, &

son gosier est plus doux que l'huile. (*Chap. V, vers. 3.*).

On n'a point une juste idée des femmes ; les hommes corrompus en ont toujours fait des peintures aussi odieuses que fausses : elles sont plus tendres que les hommes, étant de leur nature plus douces & plus sensibles ; elles sont plus constantes, parcequ'elles sont moins vicieuses ; elles sont plus fidelles, parcequ'elles ont plus de droiture & de vérité ; elles sont plus chastes, antant parcequ'elles sont plus religieuses, autant par la modestie & la retenue qui leur est naturelle, que parceque le préjugé attacha inviolablement tout leur honneur à cette premiere & indispensable vertu.

Mais venons-en à ces préceptes qui sont communs à l'un & à l'autre sexe, à ces préceptes indispensables pour l'accomplissement de la Loi de Dieu, à ce Commandement qui défend à toute créature l'amour désordonné de la créature, qui lui ordonne d'aimer Dieu de tout son cœur, de réprimer ses mauvais desirs par le mouvement de cet amour, de vaincre tout esprit charnel, & de s'arracher à l'empire de la concupiscence ; c'eſt ici le VIe Commandement : *Vous ne commettrez point de fornication, ou d'adultere* : c'eſt dans les Ecritures du Nouveau Teſtament qu'il faut chercher la véritable intelligence de ce précepte. Nous y apprendrons que Dieu, ſous ce nom de *fornication*, défend toute impureté, de quelque eſpece qu'elle puiſſe être, & ſur quoi cette défenſe eſt fondée, ſur-tout à l'égard des Chrétiens.

Toute impureté eſt interdite par ce Commandement ; & ce qui met une différence conſidérable entre ce précepte & les autres, c'eſt que dans la matiere dont il s'agit, il n'y a gueres de péché léger, dès que le conſentement eſt formé : c'eſt pourquoi S. Paul prononce généralement que tous ceux qui commettent l'impureté ſeront exclus du Royaume de Dieu. *Sachez*, dit-il, *que nul fornicateur, nul impudique . . . ne ſera héritier du Royaume de Jeſus-Chriſt & de Dieu. Ne vous y trompez pas*, dit-il encore, *ni les fornicateurs, ni les adulteres, ni les impudiques...ne ſeront point héritiers du Royaume de Dieu.* (Eph. 5. 5. 1. Cor. 6. 9.).

Une défenſe ſi rigoureuſe eſt fondée

ſur ce que toute impureté dégrade & avilit la créature intelligente, qui eſt faite pour Dieu, & qui ne doit vivre que pour lui, & qu'elle eſt oppoſée à la qualité de Chrétien, & abſolument incompatible avec ſa vocation. C'eſt encore S. Paul qui nous l'apprend. *La volonté de Dieu*, dit-il, *eſt que vous ſoyez ſaints & purs, que vous vous abſteniez de la fornication*, (par où il entend toute ſorte d'impureté;) *& que chacun de vous ſache poſſéder le vaſe de ſon corps ſaintement & honnêtement, & non point en ſuivant les mouvements de la concupiſcence, comme les Payens, qui ne connoiſſent point Dieu ..... Car Dieu ne nous a point APPELLE'S pour être impurs, mais pour être ſaints.* (Theſ. 4. 3. 1. Cor. 3. 16.).

Ne ſavez-vous pas, dit-il ailleurs, *que vous êtes le Temple de Dieu, & que l'Eſprit de Dieu habite en vous? Si donc quelqu'un profane le Temple de Dieu, Dieu le perdra; car le Temple de Dieu eſt ſaint, & c'eſt vous qui êtes ce Temple.* Et comme ſi c'étoit encore trop peu d'avoir dit que nous ſommes le Temple de Dieu, ce qui pourroit abſolument s'entendre de l'ame ſeule, il va plus loin, & dit que nos *corps* mêmes *sont les Temples du S. Esprit & les Membres de Jesus-Christ.* (1. Cor. 6. 15. 19.).

Enfin il fonde la défense de commettre l'impureté sur ce principe, que le Chretien, ayant été racheté par le prix infini du sang de Jesus Christ, il n'est plus à lui; & qu'ainsi il ne doit faire usage de son corps que selon la volonté & pour la gloire de Dieu : ce qu'il appelle *glorifier & porter Dieu dans son corps*; ensorte que Dieu demeure toujours en possession de ce corps qui lui appartient plus spécialement encore par le titre de la rédemption, que par celui de la création. *Vous n'êtes plus à vous-mêmes; car vous avez été achetés d'un grand prix. Glorifiez donc, & portez Dieu dans votre corps & dans votre esprit, parceque l'un & l'autre sont à Dieu.* (1. Cor. 6. 19. 20.).

Il s'ensuit de ces principes, que le Chrétien doit tellement avoir en horreur toute impureté, qu'il évite tout ce qui y contribue & qui y conduit; qu'il s'abstienne de tout ce qui en a l'apparence; qu'il ne souffre point qu'on parle devant lui des vices contraires à la chasteté ; ou qu'au moins il fasse connoître qu'il ne prend aucune part à de tels discours. *Qu'on n'entende pas seulement parler parmi vous, ni de fornication, ni de quelqu'impureté que ce soit... comme on ne doit point en ouir parler parmi des Saints. Qu'on n'y entende point de paroles déshonnêtes... ce qui ne convient pas à votre vocation.* (Eph. 5. 3.).

L'adultere, & toute impureté dans les actions, a été condamnée par le sixieme commandement ; celui-ci qui est le neuvieme va plus loin, & proscrit même toute impureté cachée dans le cœur, & connue de Dieu seul.

Vous ne desirerez point la femme de votre prochain.

Ce commandement répand une grande lumiere sur ceux qui précedent, & acheve de nous découvrir le véritable esprit de la loi de Dieu. Elle ne se borne point à régler le dehors, elle va jusqu'aux sentiments & aux secrets desirs du cœur ; & elle ne veut pas même qu'on desire ce qu'on ne peut faire sans péché.

Les Payens qui ne connoissent point Dieu, se livrent sans combat aux mouvements de la concupiscence, ils commettent les actions deshonnêtes, & ils ne pensent pas même à réprimer les mauvais desirs. Saint Paul dit d'eux, *qu'ayant perdu tout remords & tout sentiment, ils s'abandonnent à la dissolution pour se plonger dans toutes sortes d'impuretés*; & ailleurs, que Dieu pour punir les Philosophes, de ce qu'étant plus éclairés que les autres ils ne l'avoient point glorifié, les avoit livrés aux desirs de leur cœur, au vice de l'impureté, ensorte qu'ils avoient deshonoré eux-mêmes leurs propres corps, ... & qu'ils avoient fait des actions indignes de la raison. (*Eph*. 4. 19. *Rom*. 1. 24. 28.)

Le Chrétien instruit à l'école de Jesus-Christ, va jusqu'à la source du mal: il sait que les actions qui se produisent au dehors ne sont mauvaises, que parcequ'elles ont pour principe les mauvais desirs du cœur. Ainsi il veille également, & sur les mouvements de son cœur, & sur les œuvres de ses mains, sans cesse appliqué à repousser les pensées & à étouffer les desirs qui sont contre l'ordre, suivant le précepte du Fils de Dieu, & l'exemple d'un juste de l'Ancien Teſtament, qui l'a repréſenté dans ſes humiliations & dans ſes ſouffrances. *Vous ſavez qu'il a été dit aux anciens, vous ne commettrez point d'adultere ; & moi je vous dis que quiconque regarde une femme avec un mauvais deſir pour elle, a déja commis l'adultere dans ſon cœur.* Voilà ce qu'enſeigne la vérité, & voici ce que faiſoit Job, diſciple de la vérité éternelle, & figure de la vie incarnée. *J'avois impoſé à mes yeux une loi, de ne pas même regarder une Vierge : à quel deſſein l'aurois-je fait ? quelle union Dieu pourroit-il avoir avec moi, & quelle part le Tout-Puiſſant me donneroit-il à ſon héritage, ... ne conſidere-t-il pas mes voies, & ne compte-t-il pas toutes mes démarches ?* (Mat. 15. 18. 19. Mat. 5. 27. 28. Job. 31. 1.

Cependant le monde, auſſi aveugle qu'injuſte, dit un fameux Commentateur, autoriſe toutes les cauſes de l'amour criminel, il loue tout ce qui l'inſpire, l'entretient & l'irrite. Il approuve les lectures & les converſations galantes, les ſpectacles, les chanſons, l'admiration de la beauté, l'empreſſement de voir & d'être vû, les ſoins de paroître avec ſuccès & de plaire; enfin il conſeille tout ce qui prépare aux grands crimes, & il eſt toujours étonné, quand il y voit tomber quelqu'un. La Religion ſeule eſt raiſonnable & conſéquente dans ſes maximes, en réprimant les effets dans leur cauſe, & en prévenant les excès par le retranchement de tout ce qui en fournit l'occaſion. Elle condamne une parole licentieuſe, un mot équivoque, un regard libre, une penſée, & tout ce qui tend à embellir le vice, ou à en diminuer l'horreur. Elle nous avertit qu'il n'y a de ſureté contre les plus grands crimes, que par l'attention à leur fermer d'abord toutes les avenues, & qu'après avoir fait un pas vers le mal, on ne ſera plus le maître de s'arrêter ſur un penchant ſi gliſſant, & de s'empêcher de tomber dans l'abîme.

Le monde, dit encore un ſavant & éloquent Interprete, dont le Commentateur copie la reflexion tout au long, veut ſe perſuader que l'amour eſt une paſſion douce, noble & bienfaiſante; qu'il eſt la marque d'un bon cœur, plein de franchise & de générosité....(1) Mais pour confondre cette fausse prévention du monde, & le convaincre que cette passion est la plus furieuse de toutes. Dieu a permis que l'homme le plus doux, le Prince le plus clément, l'ami le plus tendre, le cœur le plus droit, le plus ennemi de la duplicité, & qui la charge des plus grandes exécrations dans ses pseaumes, tombât néanmoins dans les excès les plus criants; afin d'avertir tous les hommes par son exemple, qu'il n'y a point d'emportement si violent, point de cruauté si horrible, point de perfidie si noire, que ce vice ne soit capable de conseiller.

Ce fut l'amour & l'amour criminel, qui fit écrire par David à Joab une lettre qu'il lui envoya par Urie même, elle étoit conçue en ces termes.

Exposez Urie au plus fort du combat, & l'y abandonnez afin qu'il y périsse.

Si Joab dont nous connoissons la politique meurtriere, ajoute le même Commentateur, avoit formé de son

(1) Explic. des Rois. Chap. 13. Art. 3.

chef & exécuté un tel projet pour tirer le Roi d'embarras, nous en détesterions la noirceur sans en être surpris. Mais que penser quand on voit que c'est David même qui le lui commande; qui lui dicte la maniere dont il doit s'y prendre pour faire périr un innocent, un Officier de mérite, un sujet fidele, zélé, infiniment précieux à l'Etat, qui donne un ordre si cruel, non pas dans un transport de colere, mais de sang froid & avec reflexion; qui compte pour rien de faire périr avec lui de braves gens, pour dérober au public la connoissance d'une action qui le couvriroit d'un opprobre éternel? qu'on pese bien toutes ces circonstances, & l'on ne pourra s'empêcher de reconnoître que David est devenu plus méchant que Saül son persécuteur, & sans comparaison plus coupable envers Urie, qu'Achab envers Naboth. Saül avoit au moins des prétextes de haïr David; le mérite de ce jeune homme lui faisoit ombrage; il étoit destiné à occuper un trône auquel la Maison de Saül sembloit avoir droit de prétendre. Achab avoit essuyé un refus assez dur de la part de Naboth, après lui avoir proposé un échange qui paroissoit fort raisonnable. D'ailleurs ce ne fut pas ce Prince, mais Jezabel, qui forma le dessein de le faire mourir, & qui se chargea de l'exécution. Mais quel sujet, quel prétexte même David a-t-il de se plaindre d'Urie ? C'est lui au contraire qui est le coupable : la Loi de Dieu le condamne à la mort avec l'épouse infidelle qu'il a corrompue (1). C'est lui cependant qui condamne son serviteur à perdre la vie, après l'avoir déshonoré. Le malheur d'Urie fait tout son crime ; & David, par un trait de la plus horrible perfidie ajoûtée à l'injustice & à la cruauté, le rend lui-même porteur de son arrêt de mort.

L'injure faite à Urie par David est pleine d'une noirceur & d'une malice qu'aucune excuse ne peut couvrir, ni devant Dieu, ni devant les hommes. Elle a été suivie, dit un célebre Commentateur, d'un endurcissement de cœur & d'un oubli de Dieu, d'où ses lumieres, ni les sentiments de la Religion ne l'auroient jamais fait revenir

(1) Ancien Testament, pages 117, 118, 119 & 120.

ſans les avertiſſements & les reproches d'un Prophete. Mais ſa pénitence a été ſi ſincere & ſi parfaite, & ſes crimes ſi abſolument anéantis aux yeux de Dieu même, que l'Ecriture propoſe partout comme un modele la droiture & la pureté de ſon cœur; & Dieu l'a élevé à un ſi haut degré de faveur auprès de lui, qu'il a mérité de devenir après ſa mort le réconciliateur perpétuel de ſes deſcendants, l'interceſſeur & le conſervateur de ſa poſtérité, quoique criminelle. (*Ancien Teſtam. Chap. V. pag. 56. Tom. V.*).

Le premier & le plus grand Commandement eſt d'aimer Dieu de tout notre cœur; la nature de l'amour, qui tend toujours à s'accroître, vient ici ſe réunir avec le précepte: on n'aime point véritablement ſi on ne deſire d'aimer davantage. L'amour eſt un feu qui ne cherche qu'à s'étendre & à tout embraſer : c'eſt un mouvement de la volonté qui ſe réfléchit & ſe replie ſur lui-même (1). Le juſte aime Dieu, parcequ'il veut l'aimer; qu'il ſe plaît dans cet amour; qu'il y trouve ſon bonheur:

(1) Inſtr. p. de M. de T. ſur la Juſt. Chrét. P. 208.

Mihi adhærere Deo bonum est. Il aime donc à aimer Dieu ; il aime l'amour qui l'attache à Dieu. Et peut-il aimer ce divin amour, sans souhaiter qu'il croisse & se perfectionne, sans rechercher ce qui est propre à l'augmenter, sans rejetter ce qui y est contraire ?

Un Pere de l'Eglise a dit : Quand on aime on ne souffre point ; ou si l'on souffre, ces souffrances sont bien agréables :

Ubi amatur, non laboratur ;
Aut si laboratur, labor amatur.

Tout sentiment de tendresse est un sentiment de plaisir. Que les damnés sont malheureux, disoit Sainte Catherine de Genes, ils ne sont plus capables d'aimer !

Mais le saint amour n'est jamais entierement parfait durant cette vie (1) ; la concupiscence, sa rivale, subsiste toujours, quoique vaincue & affoiblie, tant que nous sommes dans ce corps mortel : de-là vient qu'il n'y a personne sur la terre, quelque progrès qu'il ait fait dans la justice, qui ne

(1) Instr. P. de M. de T. sur la Just. Chrét. p. 102.

tombe

tombe dans des fautes vénielles ; & Dieu le permet ainsi pour nous tenir continuellement dans la crainte, dans l'humilité & dans la dépendance de son secours.

CHAPITRE III.

De la Galanterie, de la Coquetterie & de la Pruderie.

» La galanterie n'est point l'amour, » mais le perpétuel mensonge de l'a» mour. (*Génie de Montesquieu*) ».

Elle est un des plus grands vices du cœur, un malheureux penchant qui mene à tout, & qu'il est presqu'impossible de détruire. Aussi Auguste disoit toujours qu'il falloit traiter délicatement Julie & la République. Tous ses ménagements furent inutiles ; Auguste ne put jamais ramener Julie, devenue l'opprobre de Rome, & ne pouvant plus soutenir ses désordres, il l'exila.

L'Esprit de galanterie étouffe à la fois le génie & l'amour ; une femme galante n'eſt plus dominée que par la paſſion & par le plaiſir (1); ne cherchant à plaire que pour engager, renonçant à toute décence, à toute retenue, pour engager plus vîte, elle perd avec le maintien & la modeſtie toutes les graces, tout le génie, tous les agréments & tous les attraits de ſon ſexe; elle le déshonore, & fait ſi communément rougir le nôtre.

Le vice a beau ſe cacher dans l'obſcurité, dit le même Auteur, ſon empreinte eſt ſur les fronts coupables: l'audace d'une femme eſt le ſigne aſſuré de ſa honte.

Cette audace, l'immodeſtie, l'air d'effronterie dans une femme ſont inſoutenables; elles révoltent & indignent tous les hommes que les mœurs du ſiecle n'ont point corrompus intérieurement, même les plus libertins. Quelque belle, quelque touchante, quelqu'agréable qu'elle puiſſe être par l'eſprit, n'étant plus ce qu'elle doit être par eſſence, oſant renoncer au premier, au plus reſpectable de ſes attributs, elle perd, avec toute eſtime,

(1) J. J. Rouſſeau.

tout droit de charmer ; elle n'a plus que la déplorable ressource, & toujours le malheureux projet de séduire : quelqu'artificieuse qu'elle puisse être, les ténebres ne la cachent point, ou ne la cachent pas toujours ; le crime avec le tems perce la plus grande obscurité ; la femme coupable est tôt ou tard apperçue, si elle ne l'est déja dans l'instant même de ses travers.

La coquetterie, toute détestable qu'elle est, encourt beaucoup moins de mépris, & n'a pas tant de dangers : on sait qu'elle est uniquement du ressort de l'amour-propre : on sait qu'une coquette, toujours conduite par la légereté & par le seul déréglement de l'esprit, n'a pour objet que la ridicule vanité de plaire à tout le monde, sans retour & sans intérêt : on sait qu'elle ignore par caractere, & qu'elle se plaît à ignorer le charme d'aimer & d'être aimée : on sait que si elle ne va point jusqu'au vice ; c'est qu'elle craint la honte, ce frein seul l'arrête : sa sevérité n'est que faste, dit M. de la Motte dans son Ode sur l'Amour-propre, & l'honneur de passer pour chaste la résout à l'être en effet : on la fuit sans la trop mépriser; quand on la voit on s'en amuse. Cette maniere d'exister, ce genre de caractere est assez plaisant pour un spéculateur, pour un homme sage; en un mot la coquetterie n'est autre chose qu'une démence de l'esprit, que l'absence du sens le plus commun, & les écarts d'une imagination perdue; au lieu que la galanterie est le pur vice, la dépravation, la débauche, le plus aveugle libertinage. Theophraste, la Bruyere & plusieurs autres Philosophes, ont souvent essayé ces différents portraits; voici celui de la femme galante par Salomon même.

Et ecce occurrit illi mulier ornatu meretricio, præparata ad capiendas animas, garrula & vaga.

Et je vois venir au-devant de lui une femme parée comme une courtisanne adroite à surprendre les ames, causeuse & coureuse. (*Chap. VII, vers.* 10. *Prov. d. Salom.*).

La pruderie est encore autre chose; elle s'éloigne des deux autres genres, & ne tient au premier que parcequ'il a de plus criminel. L'Auteur des Caracteres l'a parfaitement défini. Une femme prude, dit-il, paie de maintien & de paroles ; une femme sage paie de conduite : & rien n'est plus vrai. Qu'on fasse la comparaison des propos édifiants & fourbes d'une de ces prudes, de ses conversations seches, lugubres & séveres, des mots de principes & de devoir, de pudeur & de vertu, qui sont toujours dans sa bouche, & si loin de son cœur ; qu'on les compare, ces grands axiômes, ces belles maximes, avec le langage simple de la femme honnête, on distinguera facilement, quoiqu'au travers du masque, le vrai caractere, le vrai naturel des deux : on respectera promptement celle qui mérite de l'être, comme on verra avec horreur l'orgueil d'une fausse vertu. Cette fausse vertu, qui n'est qu'hypocrisie ; cette fausse modestie, qui n'est que vanité ; cette fausse sagesse, qui n'est que pruderie, ne cachent, ni long-tems, ni à tous les yeux, malgré tant de dehors trompeurs, ni les dispositions prochaines aux plus grandes foiblesses, ni les penchants les plus vicieux. La Nature perverse décele tout ; elle est plus diaphane & plus transparente qu'on ne pense Souvent au milieu du sérieux & de l'austérité de la prude, souvent dans le plus grand feu de son enthousiasme, au milieu de ses déclamations contre le vice, au milieu de ses éloges pompeux de la vertu; lorsqu'on l'étudie & qu'on la cherche, on la saisit, on la surprend dans les desirs les plus effrénés, dans les agitations les plus passionnées, dans les regards les plus lascifs & les plus acharnés sur des objets dont la moindre pudeur lui feroit bien vîte détourner la vue avec horreur d'elle même. Qu'elle est près de l'occasion pour lors ! on la voit sur les bords du précipice : qu'elle est détestable dans ces affreux moments! moments si souvênt apperçus, sans qu'elle s'en doute, & qui malheureusement n'échappent qu'à trop de monde, pour sa véritable réputation.

Minutius Felix, parlant des Vestales, dit que la plupart évitoient le dernier supplice, non pas pour être plus chastes, mais pour être impudiques plus heureusement.

In residiis impunitatem fecerit non castitas tutior, sed impudicitia felicior.

Il eſt peu de femmes galantes, il en eſt peu d'aſſez folles pour être coquettes : mais il eſt des prudes, parcequ'il eſt des femmes impures, avec tout l'orgueil de la vertu, avec toutes les apparences de la chaſteté & de l'honnêteté la plus réelle ; parcequ'il en eſt, qui, livrées à la nature & à leurs erreurs, croient pouvoir facilement tromper les hommes, oubliant qu'on ne ſauroit jamais tromper Dieu.

Que ne penſent-elles toutes comme le plus grand nombre, qu'on ne ſauroit trop aimer la vertu & la vérité ; qu'on ne ſauroit aimer l'une ſans l'autre ; que de la pratique de l'une & de l'autre dépendent leur vraie réputation, leur vraie tranquillité & leur vrai bonheur ? Que ne penſent-elles toutes qu'après cette félicité paſſagere, qui ne peut naître que de la vertu, il en eſt une éternelle, ſi particulierement attachée & promiſe à l'aimable & ſainte pureté ? Que ne penſent-elles toutes encore qu'on ne ſauroit ſe rendre trop eſtimable aux yeux de ce qu'on aime, & que c'eſt de ce mérite ſans tache, pur, intact, éprouvé & bien reconnu, que ſe forment la conſtance, l'amour éternel & le vrai respect.

Celui qui chasse une femme vertueuse, dit Salomon, rejette un grand bien; mais celui qui retient une adultere est insensé & méchant.

Qui expellit mulierem bonam, expellit bonum: qui autem tenet adulteram, stultus est & impius. (Proverb. Chap. XVIII. vers. 22.).

Donner son cœur à un seul n'est point un crime, ni dans la morale, ni dans la Religion; la femme sage allie, avec la plus grande affection, la plus grande innocence & la plus scrupuleuse piété; elle aime avec confiance & sans remord ce qu'elle peut, ce qu'elle doit aimer; elle est dans toutes les rencontres, dans toutes les circonstances, dans le plus grand danger, ce qu'il faut qu'elle soit: & sa vertu qui la guide en tout, & qui la récompense déja dans ce monde, lui montre dans celui qui ne finira jamais le prix immortel de ce qu'elle a mérité.

Domus & divitiæ dantur à parentibus! à Domino autem proprie uxor prudens. Le pere & la mere donnent les maisons & les richesses; mais c'est proprement

proprement le Seigneur qui donne à l'homme une femme ſage. (*Chap. XIX. verſ. 14. Proverb. de Salom.*).

La femme vertueuſe, ajoûte ce même Sage, eſt la couronne de ſon mari; & celle qui fait des choſes dignes de confuſion fera ſécher le ſien juſqu'au fond des os.

Mulier diligens, corona eſt viro ſuo; & putredo in oſſibus ejus, quæ confuſione res dignas gerit. (Chap. XII. v. 4. Prov. de Salom.).

Ce n'étoit pas ſeulement pour la propagation du genre humain, que Dieu voulut donner à l'homme un aide qui lui reſſemblât; ce qu'il avoit principalement en vue, étoit de lui aſſocier un témoin & un compagnon des devoirs d'adoration & de reconnoiſſance auxquels il étoit obligé envers ſon Créateur. Aucun des animaux ne pouvoit y prendre part; il falloit à l'homme, né pour la ſociété, quelqu'un qui entrât dans ſes ſentiments, qui ſecondât ſon zele & ſa reconnoiſſance pour Dieu, & qui, par l'union des cœurs & la conformité des vues & des penſées, formât avec lui une sainte harmonie, pour célébrer les louanges de leur Maître commun : c'est-là le plus important devoir de la femme à l'égard du mari, comme c'est l'une des principales fins de l'institution du mariage.

Pour cette fois voilà l'os de mes os, & la chair de ma chair !

Adam parle ainsi par un mouvement d'admiration & de reconnoissance, Dieu lui ayant fait connoître à son réveil que celle qu'il lui donnoit pour compagne étoit non-seulement semblable à lui, mais tirée de lui, & qu'elle faisoit partie de lui-même : c'est pourquoi il ajoûte : *L'homme donc quittera son pere & sa mere pour s'attacher à sa femme ; & ils ne seront tous deux qu'une seule chair.* Telle est la sainte union du mariage, la plus intime qui soit au monde, plus étroite même que celle de l'homme avec son pere & sa mere. Par cette union, le mari & la femme ne font plus qu'une même chair, un même corps, un même esprit, un même tout, dont les parties n'ont plus ni sentiments, ni inclinations, ni intérêts séparés. Jesus-Christ se sert de ces paroles pour montrer que le lien du mariage ne peut être rompu par le divorce ; & il en conclut que le mari & la femme n'étant plus deux, mais une seule chair, l'homme ne doit pas entreprendre de séparer ce que Dieu a joint. (*Math.* 19. 6. *Ancien Testam. Chap.* 1. *pag.* 29. 30. & 31.).

Les Vierges & les Veuves ont été soustraites, par la grace de l'Evangile, à l'autorité qu'Eve devoit respecter ; elles ont été mises en liberté par Jesus-Christ, & elles ne sont soumises qu'à lui comme à leur époux & à leur chef. Rien n'est plus auguste qu'un tel privilege, pourvu qu'elles n'usent de leur liberté que pour n'aimer que lui, pour ne penser qu'à lui plaire, & pour consacrer à la piété tout le tems que les devoirs domestiques enlevent aux femmes qui sont réduites en servitude. Mais si elles ne choisissent un état si parfait que pour vivre sans joug & sans dépendance, elles sont un prodige contraire à la nature & à la grace ; elles n'ont, ni la bénédiction du mariage, ni celle de la continence. (*Gen. explic. Tom. I. Ancien Testam. Chap. II. pag.* 56.).

Dites au juste que tout va bien pour lui ; parcequ'il recueillera le fruit de ses œuvres. Malheur à l'impie, parcequ'il sera puni selon la mesure de ses crimes. (Isaïe. 3. v. 10.).

CHAPITRE IV.

De la Pudeur & de la Chasteté.

Une femme sans pudeur est tout ce qu'il y a au monde de plus méprisable ; tout choque où manque la pudeur : ôtez la modestie de ses discours & de son maintien, que restera-t-il ? un être rempli d'effronterie & d'indécence, une créature qui ose tout, qui se permet tout ; toujours prête à disputer d'impudence avec tout ce qu'il y a de plus audacieux : c'est pour avoir trop à rougir qu'elle ne rougit plus ; & si quelquefois la pudeur servit à la chasteté, que doit-on penser de la chasteté quand la pudeur même est éteinte ? (*Rousseau de Geneve*).

La modestie est au mérite ce que les ombres sont aux figures dans un tableau ; elle lui donne de la force & du relief. (*La Bruyere*).

On ne doit point confondre la pudeur avec la chasteté ; la pudeur, absolument parlant, est une sorte de vertu, mais uniquement de bienséance, & fondée seulement sur l'honnêteté publique ; la pudeur annonce la chasteté, la fait supposer ; mais elle n'est que l'apparence de la chasteté, & souvent une apparence trompeuse.

Plutarque n'hésite point à condamner Herodote, & dit : » Hérodote n'a » pas bien parlé lorsqu'il a dit qu'une » femme se dépouille de la pudeur en » ôtant ses habits ; car une femme » chaste revêt la modestie en ôtant les » habits qui la couvrent «.

La pudeur & la chasteté sont deux choses si différentes, que telle femme ne laisseroit pas voir son bras nud, qui au fond du cœur brule de tous les feux de la concupiscence.

Une Orientale, une prude, ont de la pudeur, mais autant de lubricité que de pudeur ; l'une & l'autre dissimulent & se livrent sans remords à leurs coupables penchants, aux plus grands desordres, dès qu'elles pensent pouvoir en sauver les apparences. Une femme véritablement chaste est sans art ; elle a tout autant de pureté, de vérité & de vertu dans l'ame, que de pudeur, d'innocence & de candeur sur le front.

L'obscurité, la nuit & la solitude dispensent tout au plus d'une certaine pudeur, & ne dispensent pas de la chasteté.

Theano, fille de Brontin de Crotone & disciple célebre de son époux, exhortoit les mariées qu'on conduisoit à leurs maris de ne quitter leur modestie qu'avec leurs habits, & de la reprendre toujours en se r'habillant.

La pureté est un trésor qui ne peut manquer d'être enlevé s'il n'est confié à la garde de la modestie, de la retraite & du silence : on se trompe, on n'est point innocent en évitant seulement aux yeux des hommes le crime de *Sichem* & le malheur de *Dina*, le siége de la chasteté est le cœur. On n'est point chaste quand le cœur n'est pas pur ; un seul desir consenti le rend criminel aux yeux de Dieu. *Je vous dis que quiconque regarde une femme avec un mauvais desir pour elle, a déja commis l'adultere dans son cœur.* (Mat. 5. 28.).

La chasteté n'est pas, comme on l'entend, la simple pratique de la vertu; elle est le sacrifice intérieur & continuel du moindre desir illicite, l'abjuration entiere & constante de toute idée, de tout vœu contraire à la pureté de l'ame & des mœurs, le combat assidu de tout ce qui peut y porter la moindre atteinte, le triomphe perpétuel de la nature & de soi; mais quelque intacte, quelque sévere qu'elle puisse être, elle frémit toujours & s'éloigne avec soin & sans peine de l'occasion qui pourroit l'éprouver.

La chasteté ne doit combattre qu'en reculant, dit un grand maître de Morale; elle se met en péril quand elle fait la hardie & qu'elle tourne tête à son ennemi; elle ne peut aller à la victoire que par la retraite; *voire par la fuite, & par la plus prompte & la plus soudaine fuite.*

Joseph, ce parfait modele de chasteté, étoit infailliblement vaincu s'il eût continué à s'exposer aux tentations de la femme de Putiphar; & sa conduite confirme la regle que les Maîtres de la vie ſpirituelle donnent à ceux qui ſont tentés contre la pureté ; c'eſt de ne chercher la victoire que dans la fuite des objets ſéduiſants, de ne jamais prêter l'oreille à des diſcours licentieux ſous prétexte qu'on les déteſte, de ne point enviſager fixement les penſées & les images funeſtes qui ſe préſentent à l'eſprit, quand même on ſe ſentiroit bien réſolu de les combattre ; mais de s'éloigner & de fuir en s'occupant d'autres objets, & en portant ſon attention à tout ce qui eſt le plus capable de tenir l'eſprit & le cœur dans le devoir.

» Acquerez la ſageſſe, dit David à
» ſon fils ; c'eſt-là l'important & l'eſ-
» ſentiel: car tout l'or du monde au prix
» d'elle n'eſt qu'un peu de ſable, & l'ar-
» gent comparé avec elle ne ſera pas
» plus eſtimé que de la boue. (*Sag.* 7. 9.)

La raiſon, la crainte & l'honneur ont plus d'empire ſur les femmes que ſur les hommes, & les retiennent plus puiſſamment ; il y a telles femmes qui par leur chaſteté naturelle, ou par les notions juſtes & rigoureuſes qu'elles ont conçues de la vertu & de l'honneur ſont inacceſſibles. Toujours guidées par cette opinion, éclairées ſur leurs devoirs, leur fidélité constante à les remplir ainsi que toutes les obligations que la raison dicte, non-seulement éloigne leur ame de toute corruption & de tout danger, mais elle les porte souvent aux plus grandes vertus, à toute sorte de héroïsme ; il en est des traits bien frappants, même dans les siecles d'erreur.

Lucrece lave de son sang le crime de Tarquin, & punit sur elle-même l'impudicité d'autrui, l'attentat énorme du trop cruel ami de Collatin. (*Titus Livius*, *lib.* 2.)

Clelie, pour fuir Porsenna, abandonne son camp avec ses compagnes, où elles étoient en ôtage, & passe le Tibre à la nage, au travers d'une grêle de traits, pour rentrer dans Rome, laissant aux Camilles, aux Fabrices & aux Catons l'exemple du courage, de la gloire & de la liberté, & aux femmes celui de la vertu & de la chasteté.

Les femmes Cimbres, après la défaite de leurs maris, livrent un combat particulier aux Romains ; elles montent leurs charriots, les accablent d'injures & de pierres, & se voyant près d'être livrées à la fureur & à la violence de leurs ennemis, elles se dévouent à la mort avec leurs filles, & ne laissent plus que leurs cadavres aux vainqueurs.

La belle Eudoxe, esclave de Mustafa, au sac de Nicosie, met le feu aux Galeres des Turcs, qui la portoient au Sérail de Selim; elle se jette dans un tonneau de poudre une torche à la main, & par cet embrasement, sauve de la honte du Sérail toutes les vierges & les femmes enlevées dans Nicosie.

L'Empereur Conrad III assiégeant le Duc de Baviere dans Weinsberg, au moment de prendre la Ville d'assaut, les femmes supplient l'Empereur de leur permettre de sortir de la place & d'emporter ce qu'elles pourroient; Conrad le leur ayant permis, est très surpris de voir ces femmes abandonner tous leurs effets, prendre uniquement leurs voiles & se retirer sauvant leurs maris.

Blanche, femme de Jean de la Porte, plus près de nous & tout aussi admirable que Lucrece, prise dans la ville de Bassano qu'elle défendoit après la perte de son mari, & sur le point d'être violée par Acciolin, s'arrache, se jette par la fenêtre; on la ramene à ce barbare; elle feint de vouloir se rendre, mais elle demande auparavant qu'on lui accorde de rendre les derniers devoirs à son mari; elle l'obtient, & lorsqu'elle est à l'entrée du tombeau, elle fait tomber sur elle la pierre qui le couvroit, & s'ensévelit avec son époux.

Les femmes Indiennes se brûlent encore sur le corps de leurs époux, ou s'enterrent avec eux: s'il s'en trouvoit qui hésitassent à mêler leurs cendres, elles se couvriroient de honte & seroient diffamées. Laissons-là cet usage barbare qui tient si fort du paganisme & de l'erreur; mais arrêtons-nous un moment à la priere de mort si remarquable & si touchante que fait une femme Indienne en montant le bucher, ou en descendant au tombeau pour y joindre son époux.

» J'ai tout perdu: la moitié de ma
» chair, de mon sang, de mes os veut
» m'abandonner; & moi je veux la
» suivre, & je vais la suivre. Pour-
» rois-je vivre sans la moitié de moi-
» même? ou serois-je capable de desi-

» rer une autre moitié? Non, je veux
» mourir avec ce qui est mort, puis-
» que ce qui est mort ne me laisse que
» la moitié de la vie. Allons, rendons
» à la terre, avec la seule chose qui
» nous y attachoit, notre pauvre corps,
» & ce qui ne s'en est jamais séparé,
» qui est notre vertu, notre sagesse,
» notre amour & notre fidélité «.

Voilà, malgré tout l'aveuglement de l'idolâtrie, l'idée qu'ont eue & qu'ont encore de la vertu & de la tendresse conjugale ces malheureuses victimes de l'erreur.

Plutarque, dans ses préceptes du mariage, donne la plus haute opinion de la chasteté; & la mettant si fort au-dessus de toutes les autres perfections humaines, il en inspire vivement l'amour & la pratique par l'exemple des femmes chastes & vertueuses, qui mériterent dans le sein de la paix, du repos & du bonheur, toute la vénération de leur siecle & celle de la postérité.

» Vous ne pouvez, dit Plutarque,
» parlant de Théano & s'adressant à
» Euridice, vous ne pouvez, dit-il,
» acquérir qu'à grands frais les perles

» que portent les femmes riches, ou
» les habits de soie des étrangeres,
» afin de vous en parer; mais vous
» pouvez acquérir pour rien la parure
» de Théano, de Cleobuline, de Gorgus,
» l'épouse de Léonidas, de Timoclée,
» sœur de Théagene, de l'ancienne
» Claudia, de Cornelie, sœur
» de Scipion, & des autres femmes
» qui se sont rendues célebres; & de
» pareils ornements vous feront mener
» une vie heureuse & couverte de
» gloire «.

La femme modeste, dit le plus sage & le plus éclairé des Rois, sera élevée en gloire, & les forts acquerront les richesses.

Mulier gratiosa inveniet gloriam; & robusti habebunt divitias. (Proverb. de Salom. Chap. XI. v. 16 & ailleurs);

La femme sage bâtit sa maison; l'insensée détruit de ses mains celle même qui étoit déja bâtie.

Sapiens mulier ædificat domum suam: insipiens extructam quoque manibus destruet. (Prov. de Salom. Chap. XIV. vers. 1.).

Les Philosophes, les Payens, qui n'avoient que les lumieres naturelles, ont cependant tous parlé de la chasteté, comme Salomon, comme la Sagesse même ; tous en ont eu la même idée ; tous l'ont également desirée & respectée ; tous l'ont regardée comme un principe certain & indispensable de morale, comme une perfection nécessaire, comme le principal attribut de l'ame, comme l'essence du cœur humain, comme le premier objet & un des plus grands cultes de la Divinité.

Que furent en effet, & dans les siecles les plus erronés, comme dans les tems de science & de lumiere, que furent les plus grandes femmes, les femmes si célebres par les plus hauts faits ? Que furent-elles sans la pratique de cette premiere vertu : *Les rivales méprisables de notre sexe*, dit un Philosophe, *la honte du leur & celle de l'humanité.*

Voyons le jugement que porte Milord Arlington, d'une de ces femmes illustres, de sa propre Souveraine, & de la plus grande Reine qu'ait eue la Patrie de cet Historien. Il disoit à Gregorio Léti, qu'il auroit beaucoup de difficulté à répondre historiquement à la question de la chasteté dans l'Histoire d'Elisabeth ; je le crois bien, qu'il eût été embarrassé d'y répondre ; mais la voici d'après l'Histoire même, & sans que je l'altere en rien, la voici cette femme si célebre, & malgré toutes les préventions de l'Europe, la voici telle qu'elle fut.

Cette Reine, grande à la vérité, par tant de vertus politiques, n'en déshonora pas moins la Couronne & son sexe par l'impudicité de ses mœurs ; digne fille d'un pere cruel & d'une mere dissolue, elle eut toute la barbarie de Henri VIII, & toute l'incontinence d'Anne de Boulen, à qui le Roi son mari avoit fait trancher la tête pour crime d'adultere; Elisabeth ne refusa Philippe II, Roi d'Espagne, qui fut depuis Roi de Portugal, elle ne refusa encore le Duc d'Alençon, que pour ne pas se donner un Maître, & pour pouvoir vivre sans la moindre crainte & sans trouble, dans la dissolution, dans le despotisme & l'impunité ; elle avoit abjuré jusqu'à la pudeur, n'ayant point rougi d'avouer la plupart de ses foiblesses ; elle disoit souvent aux femmes de sa Cour qu'elle n'avoit aimé le

Comte d'Arondel que par des motifs de Religion, le Comte de Leicester, qu'à cause des obligations qu'elle lui avoit; le Comte de Sommerset, que par politique, & pour être mieux servie par un nombre de favoris, employant la jalousie des uns envers les autres pour les attacher tous davantage à son service; & qu'enfin elle n'avoit jamais véritablement aimé qu'Edouard de Courtenai, Comte de Devonshire, & le Comte d'Essex, qu'elle fit mourir sous le prétexte d'une conspiration.

CHAPITRE V.

De la fermeté & du courage des Femmes.

LE cœur de l'homme & celui de la femme sont de la même trempe & de la même forme; les vertus qui ont leur siege dans l'ame sont de l'un & de l'autre sexe.

Ce n'est ni le sexe, ni la force du corps qui font les héros, c'est la grandeur

& l'élévation de l'ame; c'est la vigueur & la fermeté de l'esprit.

L'Ecriture-Sainte parle d'une colombe, qui n'étoit pas moins redoutable que les aigles.

Il ne tient qu'aux femmes d'être fortes, leurs foiblesses sont des vices de l'éducation, & non des défauts de la nature, puisque la délicatesse du tempérament n'est pas incompatible avec la plus excessive valeur.

Le cœur, dit un Philosophe, *d'où partent immédiatement le courage & la bravoure, est la plus tendre partie du corps; il est d'une chair sans nerfs & sans os, il peut donc y avoir des ames fortes dans des corps foibles & délicats, comme il se voit des mains victorieuses en des gants remplis de musc & d'ambre.*

Que d'exemples dans tous les siecles & dans toutes les Religions de la grandeur d'ame & du héroïsme des femmes; quel courage mâle! quelle intrépidité dans cette multitude innombrable de vierges & de femmes que le fer & le feu ne firent jamais pâlir.

C'est incontestablement la situation de l'ame à la vue des dangers, qui fait l'intrépidité, & c'est cette indifférence, ce tranquille mépris de la vie, qui met, ſans contredit, le courage de Didon fort au-deſſus de la valeur d'Enée, ainſi que le héroïſme de Camme, de Monime, de Pauline & de Porcia, bien au-deſſus de la fermeté de Seneque, du déſeſpoir de Mithridate, de la fureur d'Epaminondas, & de la rage patriotique de Brutus.

Les cœurs vraiment héroïques, les plus hauts faits, les plus grandes actions & toutes les couronnes ſont de ce ſexe comme du nôtre : que de femmes n'ont-elles pas préféré au deſir de plaire & à la gloire de la beauté, celles des plus grands conquérants, des plus vertueux Philoſophes & des plus illuſtres Citoyens ? Quel éclat n'ajoûterent-elles pas aux graces, à la modeſtie & à la pudeur de leur ſexe, par la majeſté, la pompe & la fierté de la vaillance & de l'audace.

Bellone, Semiramis, Hypſicratée, Eſther & Zenobie, étoient plus belles & plus parées ſous leurs caſques qu'avec leurs coëffes ou leurs diadêmes.

Omphale n'eut jamais plus de beauté, au jugement même d'Hercule, que lorſqu'elle ſe couvrit des peaux de lion, & qu'elle lui eut ravi la massue.

Semiramis à sa toilette, recevant la nouvelle d'une révolte publique dans une Province de ses Etats, fait serment de ne point achever de se coëffer qu'elle n'ait châtié les rébelles : elle abandonne ses parfums & ses pierreries, demande ses armes, monte à cheval, & appaise la sédition. L'Asie n'eut point de Roi dont Semiramis ne fût la terreur ; elle arracha plus d'un sceptre, & donna plus d'une Couronne.

Dieu fit choix dans tous les tems de femmes belliqueuses ou pacifiques ; les unes pour affermir, par les plus grands exploits, des Etats réduits à l'extrêmité, ou pour en soutenir les ruines ; les autres, pour opérer le bonheur ou le salut des Peuples, par le repos, la paix, la persuasion & la douceur, voies les plus ordinaires à leur sexe.

Theodelinde, Reine de Lombardie, fit la félicité de ses Royaumes, & détruisit sans guerres & sans aucune effusion de sang, l'Arianisme dont ils étoient infectés.

Ce fut une veuve qui défit toute l'Assyrie, campée devant une Ville, & qui la défit avec ses larmes & ses soupirs.

Debora, Prophéteſſe & Gouvernante d'Iſraël, tantôt aſſiſe ſous un palmier, jugeoit ce Peuple; & tantôt armée du glaive du Seigneur, elle terraſſoit les ennemis de ſon nom; elle donnoit ſes ordres pour le combat à Barach, un de ſes Généraux, &, ſe montrant dans les plus grands dangers, contribuoit, par ſa valeur & ſon exemple, à la victoire qu'elle avoit prophétiſée contre les Cananéens. Elle ſuccéda à Moïſe & à Joſué; elle eut du premier l'eſprit de prophétie, & du ſecond le courage & toutes les autres vertus militaires. L'Ecriture-Sainte, qui n'a pas déguiſé les erreurs des Patriarches, & qui a révélé à la poſtérité la défiance de Moïſe & d'Aaron, l'imprudence de Joſué, l'incontinence de Samſon, la chute de David & les folies de Salomon, ne nous a laiſſé de Debora (toujours médiatrice entre Dieu & ſon Peuple) que ſes Prophéties & ſes Hymnes, ſes Loix & ſes Victoires. (*Lib. Judicum. Cap. 4.*).

Il n'eſt preſque point de Nation & de ſiecle qui n'ait donné à l'Hiſtoire des femmes fortes, des héroïnes & de véritables Amazônes.

Judith, la gloire de Jérusalem, sauva, par la mort d'Holoferne, la Ville de Béthulie & toute la Judée. (*Lib. Judith. Cap.* 13.).

Jahel porta le dernier coup à l'orgueil des Cananéens, & acheva la victoire de Debora en tuant Sisare, Lieutenant Général de Jabin.

Esther sauva le peuple Juif des mains d'Aman & du massacre général qui lui étoit préparé par toute la Perse, en faisant révoquer l'Edit du puissant Assuérus, au péril même de sa vie.

Sous le regne de David, les Abélites assiégés par Joab, & menacés du sac & du pillage de leur ville, en furent délivrés & préservés par une femme.

Zenobie de la race & du sang des Ptolomées, Reine de Palmyre, abbatit les Aigles Romaines en Egypte & en Perse; & après sa paix avec Aurelien, elle vit son sang, jusqu'alors persécuté, sur le trône des Césars, & son image adorée à Rome. (*Tribellius Pollio.*)

Le Grand Cyrus fut vaincu par Thomiris, Reine des Scythes, & les Scythes eux-mêmes par les Amazones.

Bonſvique, célebre Héroïne du Nord, défit les Romains par-tout, & peu s'en fallut qu'elle ne les chaſſât entierement d'Angleterre.

Dans les guerres Puniques, les femmes de Carthage donnerent leurs cheveux pour faire des cordages propres à trainer toutes les différentes machines de guerre.

Celles de Siget en Hongrie, lors du ſiége de cette Place, porterent leurs pierreries & leurs tréſors pour la paie de la garniſon; elles réparerent de leurs bras les murs de cette ville, & en défendirent les breches & les portes.

Celles de Beauvais, aſſiégées & réduites à l'extrémité par le Duc de Bourgogne, combattirent & repouſſerent ſi vivement leurs ennemis, qu'elles délivrerent cette ville, ayant à leur tête, & pour unique Commandant, une d'entr'elles nommée Jeanne Hachette.

Celles d'Aix, connues ſous le nom d'Amazones, donnerent les plus grands exemples de courage & de fermeté au ſiége de leur ville ſous Henri IV. (*Guerre des Princes, Réduction de Marſeille; Froiſſard, Guerre des François.*)

Les Amazones de Marseille ne furent pas moins célebres.

Quatre cents femmes, dit Froissart *tant Donzelles ou filles armées, de Bourguignotes & Brigandines, l'arbalêtre au col, défendirent la cité de Marseille. (Hist. de Raimond Berenguier. Froissart, guerres des François).*

Personne n'ignore le courage héroïque de la Maréchale de Balagny au siége de Cambray, ni la sensibilité extrême de Renée de Clermont d'Amboise, qui mourut à la nouvelle de la prise de cette Place, que possédoit sa Maison.

Catherine Lisse chassa les Flamands d'Amiens, & leur arracha des mains une ville prise & une victoire gagnée.

Marguerite de France, sœur de Philippe-Auguste, se croisa, & fut à la Terre Sainte.

Jeanne de Flandres, Comtesse de Montfort, soutint seule tous les efforts de la France; & après nombre de sieges, de combats sur terre & sur mer, elle mit enfin la couronne sur la tête de son fils.

La Pucelle d'Orléans tout à la fois

Prophetesse & Guerriere, fut la Débora & la Judith de la France, & du siecle de Charles VII. (*Annales Galliæ.*)

La défense de la Rochelle par la Duchesse de Rohan, sous Louis XIII, qui dura pendant une année entiere, seroit bien plus admirable encore, si la Duchesse de Rohan n'eut été rebelle.

Marguerite d'Anjou, Reine d'Angleterre, après la perte de la bataille de Northampton, où le Roi Henri VI, son époux, fut pris par les rebelles, se met à la tête des armées & marche droit à eux, bat le Duc d'Yorck, & lui fait trancher la tête avec une couronne de papier; de là elle se porte du côté de Londres, bat le Comte de Warvic, entre dans cette capitale, rompt les chaînes de son époux, le tire de la tour & le remet sur le trône.

Françoise de Cezely, Dame de Barry, défendit Leucate en Languedoc contre les Ligueurs sous Henri III; son mari sorti de la Place pendant une suspension d'armes fut pris; les Ligueurs crurent la Place rendue ayant le Gouverneur en leur puissance: il trouva le moyen de faire savoir à sa femme me en deux mots écrits sur son mouchoir avec du charbon, d'entrer dans Leucate & de la garder pour le Roi: ce qu'elle fit. On la menaça de faire mourir son mari; elle répondit, que quoiqu'elle aimât beaucoup son mari, elle devoit ses plus hautes affections à sa foi & à son Roi; on la somma encore de se rendre, elle offrit alors ses pierreries & joyaux, & généralement tous ses biens pour la rançon de son mari, qui de son côté aima mieux mourir étranglé dans sa chambre, que de déterminer sa femme à livrer la place.

Lorsque Françoise de Cezely sut la mort de son mari, elle fit venir son fils Hercule & lui proposa la constance héroïque & l'inviolable fidélité de son pere, qui devoit les obliger l'un & l'autre à s'ensevelir sous les ruines de Leucate, qu'elle ne rendit jamais. Après la levée du siege, le gouvernement en fut donné à cette illustre veuve, elle le garda vingt-sept ans. Quelques Courtisans représentant à Henri IV, qu'une Place de cette importance n'étoit pas assurée entre les mains d'une femme; le Roi répliqua qu'il ſe fioit plus à cette femme, qu'au plus habile homme de ſon royaume, & qu'il étoit de la gloire de la France que l'on sût que les Dames y valoient des Capitaines.

Sous Mahomet II, Marulle, fille ſi fameuſe par ſon intrépidité, ſauva l'iſle de Mitilene.

Au ſiege de Diu en 1538, par Soliman Bacha, une mere Portugaiſe nommé Barbe, ayant vu périr ſes deux fils, les prit ſucceſſivement dans ſes bras, & les emporta tous deux ſans verſer une larme : diſant, *ils ſe devoient à la patrie*. (Hiſt. générale des Voyages, *tom. 2. pag. 97.*)

Au ſecond ſiege de Diu par Mahamud, Roi de Cambaye, en 1545. Maſcarenhas qui défendoit cette Place contre les Mores, étoit ſans ceſſe aux poſtes les plus dangereux ; il ſe propoſoit pour modele Antoine de Silveyra qui avoit acquis tant de gloire dans la même occaſion, lors du premier ſiege par Soliman Bacha. Les femmes du Château qui n'avoient pas oublié non plus les exemples de leur ſexe ſous ce brave Commandant, encourageoient les hommes, & partageoient avec eux toutes les fatigues & tous les périls du ſiege. Une d'entr'elles ayant été ſurpriſe dans un lieu où les ennemis avoient pénétré, combattit long-tems avec la lance, & ſoutint ſi heureuſement leurs efforts, qu'elle donna le tems à Maſcarenhas d'arriver avec une troupe de ſoldats choiſis qui paſſerent les Mores au fil de l'épée. La bréche ſe trouvant très grande, les Mores au nombre de treize mille ſe hâterent de retourner à l'attaque. Ce récit paroîtra fabuleux ; mais qu'eſt-il permis d'oppoſer au témoignage de pluſieurs graves Hiſtoriens ? cinq ſoldats Portugais ſoutinrent ſeuls l'effort de cette multitude d'infideles, & donnerent le tems à Maſcarenhas de s'avancer avec le reſte de ſes gens. On ajoute, à la vérité que les femmes armées comme les hommes ſe préſenterent avec le même courage, ſans être arrêtées un moment par l'image de la mort qui les environnoit de toutes parts. Un Prêtre le crucifix à la main, encourageoit les deux ſexes à ſe ſacrifier pour la Religion & pour la gloire. (Hiſt. générale des Voyages, *liv. I. chap. XXI. pag.* 205 & 207.)

Lille étoit surpris par les Hurlus de Menin, sans une femme nommée Maillotte, je rapporte ici l'anecdote telle que la mémoire en est conservée dans les archives de cette ville.

L'an 1582, le Dimanche 29 Juillet les Hurlus de Menin sont venus au fauxbourg de Courtrai, Paroisse de la Madeleine, aujourd'hui fauxbourg de la Madeleine, croyant surprendre la ville; mais les Archers, Confreres de Saint Sebastien, qui étoient dans leur jardin, entendant un coup de canon de la ville, y coururent avec leurs trousses & les repousserent à coups de fleches; Maillotte, hôtesse du jardin de l'Arc étoit à leur tête, armée d'une vieille hallebarde. (Extrait de la Bibliotheque du Chapitre Saint Pierre de la ville de Lille, où j'ai vu la chartre & *le tableau* de cet évenement.

En 1599, l'Amiral de Sultan Aladin, Roi d'Achin, étoit une femme.

Au siege d'Agria par les Turcs, une mere & sa fille aidoient à la défense de la brêche, la mere avoit sur la tête une grosse pierre, la mere fut emportée d'un coup de canon, la fille prit la pierre & la roula ſur les premiers qui parurent à la brêche.

Au même ſiege, une jeune femme combattant entre ſon mari & ſa mere, eut ſon mari tué à côté d'elle, ſa mere l'exhortant à ſe retirer, & de lui aller rendre les derniers devoirs, elle lui répondit, il eſt tems de le venger, & non pas de le pleurer.

S'il fut des femmes victorieuſes, des Rodogunes, des Thomyris; des femmes fortes, des Blanches, des Iſabelles de Caſtille & d'Autriche, une Marguerite, fille de Charles-Quint, une Iſabelle ſa niece, fille de Philippe II; il fut des femmes illuſtres, des Helenes, des Pulchéries, des Clotildes; il fut encore, & dans les tems du paganiſme, comme dans les ſiecles éclairés, il fut des héroïnes qui prouvent aſſez que le courage, la vaillance & la plus merveilleuſe intrépidité, ſont dans le cœur, & non dans le ſexe.

Salomone, mere des Machabées, voit d'un œil intrépide ſes enfants au milieu des tourments, elle montre à ſon ſeptieme fils les cieux ouverts & le Dieu d'Abraham, ſpectateur de ſon combat, avec les Patriarches & les Prophetes, & ſuccombe généreuſement avec eux ſous l'épée du barbare Antiochus. (*Mach. lib.* 2. *chap.* 7.)

La belle Mariamne marche au ſupplice le viſage ſerein, elle dont le ſeul portrait avoit diſputé le cœur d'Antoine à Cléopatre. (*Joſeph. antiq. Judaic. liv.* 15. *ch.* 4.)

Monime cede ſans murmure aux ordres de Mithridate, & meurt auſſi innocente que tranquille. (*Plutarq. in Lucullo.*)

Pauline, digne épouſe de Seneque, dont le courage ſtoïque déſarma Neron, ſe fit ouvrir les veines de la même lancette qui venoit d'ouvrir celles de ſon mari. L'ame de Pauline eut ſuivi celle de Seneque, ſi Neron, craignant le dernier comble de la haine publique, ne l'eut forcée de vivre en lui faiſant lier les veines; ce monſtre qui avoit trempé ſes mains dans le ſang de Claudia ſa ſœur, & de ſes femmes Octavia, Antonia, & Poppea, arrêta celui de Pauline & la ſauva malgré elle. (*Tacit. ann. lib.* 15.)

La belle Panthée ne peut ſurvivre à ſon époux: on la voit expirante ſur le corps du cher Abradate après l'avoir secouru sur le champ de bataille. (*Xenoph. Cyrop. lib. 7.*)

Quelle vertu, quelle fidélité, quel courage dans Camme, dont la beauté fit tant de bruit ; plutôt que de devenir l'épouse de Sinorix, meurtrier de son mari Sinnate, elle empoisonne Sinorix de sa propre main, & s'empoisonne ensuite elle-même. (*Plutar. de mulierum virt.*)

Lionne, Courtisanne d'Athenes, meurt dans les tourments d'une question, plutôt que de réveler le secret de la conspiration faite par Harmodius & Aristogiton ; les Athéniens lui érigerent une statue de Lionne qui étoit sans langue.

Harménie restée seule de la Famille Royale de Siracuse, & proscrite par les ennemis de sa Maison, ne peut souffrir qu'on livre au Tiran une jeune citoyenne déguisée sous la pompe Royale & substituée à sa place : elle vient s'offrir & montrer au Tiran sa véritable ennemie, & les restes infortunés d'un sang si malheureux.

On montre encore en Grece les cendres d'Evadné, qui se jetta dans le bucher de son mari ; la toile par laquelle Penelope se conserva à Ulysse ; la coupe dans laquelle Camme bût la mort & la vengeance ; celle dans laquelle Artémise bût également toute sa vie les cendres de Mausole. On montre encore à Rome les charbons que Porcia avala ; le poignard d'Arrie avec ces deux grands mots qui ranimerent le courage d'un foible époux ; & cette même lancette dont Pauline se fit ouvrir les veines pour mourir avec le sien. (*Strabo. lib.* 14. *Arrie. Dio. Cassius lib.* 60.)

Si la fille de Caton (1), l'incomparable femme de Brutus, apprenant la mort de son mari, dévora des charbons ardents pour finir ses jours, & renouvella dans le siecle du luxe & des délices, la vertu, la sévérité, & la

(1) Quant à Porcia, femme de Brutus, dit Plutarque, Nicolaüs le Philosophe & Valerius Maximus récitent qu'ayant pris en soi résolution de mourir, ses parents l'en voulurent engarder, & eurent soigneusement l'œil à la garder ; & qu'à cette cause elle tira du foyer des charbons ardents, & les jetta dedans sa bouche, qu'elle tint si étroitement fermée, qu'elle s'en étouffa. (*Plutarq. Marc. Brutus. C. feuillet.* 596.).

fermeté de la premiere Rome (*Nicol. l. Phil. Valerius Maxi. lib.* 4. *cap.* 6.);

Si la fille du Roi Adraste, la tendre épouse de Polinice, fils d'Œdipe, Roi de Thebes; si la trop malheureuse Argia, après avoir été chercher elle-même, & retiré son époux du milieu des morts sur un champ de bataille, fit bruler son corps, recueillir ses cendres précieuses dans un vase d'or, & les mêlant journellement à une liqueur, ne fut plus un moment de sa vie sans en boire;

Si la fameuse Artémise mêla de même à sa boisson le reste de ses jours les cendres de son époux infortuné; si sa tendresse éleva ce célebre monument de sa douleur, (1) à la construction duquel elle appella les quatre plus grands Architectes de la Grece & de l'Asie;

Si la fille de Nonnius; si la respectable Aurélie se tue au milieu du Sénat, dès qu'elle apprend que Catilina

(1) Scopas de l'Isle de Mile, fit le côté du Levant du Mausolée. Briax, Eunuque Silacien, le côté du Septentrion. Timothée, Phrygien, celui du Midi. Et Leocarés, Lavien, celui de l'Occident.

ſon époux eſt le meurtrier de ſon pere ;

Si la femme de Pœtus s'enfonce un poignard dans le ſein & l'en retire pour le donner à ſon mari, en lui diſant d'un air tendre & tranquille : *Pœtus cela ne fait point de mal ? Pœte non dolet* ;

On n'admire pas moins, & avec bien plus de raiſon, Iſabelle de Caſtille, Princeſſe de Galles ſuçant la plaie d'Edouard ſon époux, bleſſé d'une fleche empoiſonnée, & le guériſſant aux riſques de ſa vie ;

On n'admire pas moins, lors de la priſe, ou plutôt lors du ſac abominable de Magdebourg, par Tilly & Pappenheim, les douze cents filles qui ſe noyent dans l'Elbe pour préſerver leur chaſteté des haſards auxquels la violence des vainqueurs l'auroit expoſée ;

On n'admire pas moins enfin, quoique dans des ſiecles différents, l'incomparable fermeté & le courage prodigieux d'Ingonde & de Clotilde de France, filles de Clovis & de Clotilde ;

L'intrépidité, la patience & la Religion de Marguerite Morus, fille du Chancelier d'Angleterre;

La vertu, la constance de Blanche de Bourbon, Reine de Castille, femme de Pierre le cruel, pendant sa prison, sa noble résignation & sa tranquillité en recevant le poison à Medine d'Andalousie;

La belle Jeanne Gray de Suffolc, Reine d'Angleterre, montant à l'échaffaud avec la même dignité & la même sérénité qu'elle montoit sur le Trône;

Marie Stuart, veuve de François second, Reine d'Ecosse, voyant d'un visage fier, d'un front tranquille & dédaigneux tous les apprêts de son supplice & la hache de ses nombreux bourreaux, qui ne purent jamais faire pâlir le sang de tant de Rois. (*Augustus Thuanus*, *Lib.* 8.);

Et enfin cette jeune fille de Londres, qui, voyant d'un œil d'indignation les étranges & odieuses révolutions de sa Patrie, la venge, autant qu'il dépend d'elle, en tirant un coup de feu sur Cromwel, lorsque l'usurpateur ose condamner son Roi à la mort.

CHAPITRE VI.

Paralleles des plus grands Philosophes & des Femmes illustres.

On a donné le nom de Philosophe, depuis Pythagore, à ceux qui s'attachoient à la recherche de la sagesse, de la Nature & des mœurs Que de différentes sectes depuis Pythagore! que d'oppositions entr'elles! quelle bisarrerie de systêmes & de sentiments! quelle hardiesse à nier & à inventer! quelle témérité, quel orgueil, quel faste parmi tous ces différents dogmatiques! Que de ténebres, que de vices, que d'erreurs! Peut-on, dit M. Bossuet (1), nommer Philosophes ceux qui nioient ouvertement la Providence, qui ignoroient ce que c'est que le devoir, & qui définissoient la vertu par le plaisir?

La vraie Philosophie, sans s'arrêter à tant de diverses définitions, sans

(1) Bossuet, Hist. Univ.

combattre d'aussi étranges opinions, fut toujours l'amour de la sagesse; & la sagesse consista toujours dans la parfaite connoissance de la vérité, & dans la pratique exacte & constante de la vertu. Examinons si la plupart de ces Philosophes, malgré toutes leurs savantes spéculations, n'ont pas continuellement ignoré ou abandonné ces deux guides, & si la plupart d'entr'eux ne furent pas au moins des sages endormis, indifférents sur tous les devoirs de la vie, & plus souvent encore des hommes dénaturés & vicieux, des rébelles, des infames, indociles à proportion de leur vanité, & vains à proportion de leur ignorance.

Socrate, qu'on regarde comme le Pere de la Philosophie morale, & celui qui se consacra le plus à l'étude des bonnes mœurs, est accusé par Platon, son Disciple, d'inconstant; par Ciceron, d'usurier; par Aristophane, d'orgueilleux (quoiqu'il allât nuds pieds); par plusieurs autres Philosophes, d'ivrognerie & de luxure, d'avoir été l'ami d'Aspasie, de Théodote, de toutes les Courtisannes & de tous les vices de son tems, *& méritant bien*, dit

Cornelius Varo, *cet indigne, obſcene & ſale Philoſophe, d'avoir eu pour une de ſes épouſes l'acariâtre Xantippe, la plus méchante & la plus tourmentante d'entre les femmes.* Toute la gloire de Socrate, dit encore Salvien, conſiſte à avoir voulu faire de tout l'Univers un lieu de proſtitution.

Ce noble modele des Grecs & des Romains n'échappa point à Myrtho, ſon autre femme, lorſque, le ſurprenant avec Timandre, fille d'un de ſes amis Phrygien, qu'il avoit miſe entre les mains d'Aglaonice l'Aſtrologue, elle lui adreſſe ce reproche :

» C'eſt donc ainſi, Socrate, s'écrie-» t-elle, que tu te prépares à diſputer » de la ſageſſe contre les gens qui vou-» droient l'attaquer ? Il te faut une in-» trigue de galanterie pour diſpoſer » ton ame à ſoutenir le parti de la ver-» tu ; & le tems que tu feins de don-» ner à l'étude de la Philoſophie, tu » l'emploies à te rendre indigne du » titre de Philoſophe ».

Conſulté ſur le mariage, voici la réponſe vertueuſe de Socrate à un de ſes Diſciples qui lui demandoit un conſeil :

» Si tu ne te maries pas, tu laisseras » perdre ta race ; & si tu te maries, tu » pourras bien avoir un héritier autre » que celui qui sera sorti de tes reins ».

Aristote, ce fameux précepteur d'Alexandre, soutenoit que le monde étoit éternel, & que l'ame étoit mortelle. Saint Grégoire de Naziance l'a regardé, ainsi que son Maître, comme d'autres Pharaons, ou ses Magiciens, qui vont introduire dans l'Eglise de Dieu toutes les plaies de l'Egypte. Saint Ambroise & Saint Basile ont déployé toute leur éloquence sur les abus qu'ils redoutoient de l'étude de leur Doctrine.

Démocrite, ce rieur insensé, se creva les yeux, selon Lucrece & Aulugelle, pour être plus libre en ses contemplations, qui sont le comble de la déraison, & le dernier effort de la folie humaine.

Periander, un des sept Sages de la Grece, vivoit au milieu de ses concubines ; entraîné par leurs infâmes conseils, il jetta sa femme enceinte, du haut des degrés de sa maison, & la tua. Aristippe rapporte son commerce abominable & inceſtueux avec ſa propre mere.

Lyſandre, ce fameux Héraclide & le plus fourbe des Grecs, avoit pour maxime, *que par-tout où la peau de lion ne peut atteindre, il faut y coudre la peau de renard.* Il enſeignoit tout auſſi publiquement dans ſes écoles & ſous les portiques, *qu'on doit amuſer les enfans avec des oſſelets, & les hommes avec les ſermens.*

Alcibiade n'étoit qu'un ſcélérat infâme, proſcrit & banni d'Athenes pour ſes affreux deſordres : Boileau l'a peint, ainſi que ſon maître Socrate, par le Vers ſuivant :

Trop équivoque ami du jeune Alcibiade.

Diagore le Mélien & Protagore furent également bannis d'Athenes, le premier pour avoir enſeigné l'athéiſme, & l'autre pour avoir donné des principes impies ſur l'exiſtence des Dieux.

Diogene, le plus infâme & le plus vil de tous les cyniques, fut dans ſon tonneau & dans toutes les actions de ſa vie le plus vain & le plus mépriſable

ble de tous les hommes de ſon temps. Platon, qui connoiſſoit toutes les ruſes de l'orgueil philoſophique, diſoit à ceux qui plaignoient Diogene demeurant expoſé à un grand orage : *Si vous voulez lui montrer de la pitié véritablement, vous n'avez qu'à vous retirer.* La Courtiſane Laïs diſoit de lui & d'Ariſtippe :

» Je ne ſais ce que veulent dire les
» livres de ces grands Philoſophes, ni
» en quoi conſiſte leur philoſophie &
» leur ſageſſe; mais ces gens-là frap-
» pent auſſi ſouvent à ma porte que les
» autres «.

Epicure mépriſoit la rhétorique, la grammaire, la poëſie, les mathématiques & toutes les autres ſciences, excepté la phyſique : il aimoit paſſionnément la muſique, à cauſe de ſon penchant pour la moleſſe & pour tout ce qui eſt du reſſort de la volupté.

Plutarque, le plus ſenſé de tous les Auteurs, a combattu avec force ſon horrible maxime : » *Cache ta vie*, il en
» a fait un traité exprès : il lui dit
» que ce précepte n'eſt digne que d'un
» homme qui ne vit que pour le corps,
» les gens de bien ne vivent pas pour

» eux mêmes ; mais pour les autres, » c'est aux vicieux à se cacher & à se » tenir dans l'obscurité. C'est à toi Epi» cure *à te cacher*, tu ôtes de la vie de » l'homme toute connoissance, com» me si tu ôtois la lumiere d'un festin, » afin qu'on ne voie pas tes infamies » & qu'on ne connoisse pas que tu rap» portes tout à la volupté. *Cache donc* » *ta vie*. Tu passes tes jours avec tes » Courtisanes Hedea & Leontium, en » foulant aux pieds l'honnêteté & la » vertu : cherche les ténebres ; les mys» teres de ta philosophie sont des mys» teres des ténebres, enveloppe - les » dans la nuit la plus obscure : mais » les gens de bien cherchent la lumie» re, ils exposent leur vertu au grand » jour, ils veulent que ce soit comme » un flambeau qui éclaire de loin «.

Seneque, ce fameux Stoïcien, est accusé d'adultere avec Julie, fille de Germanicus, par Dion Cassius & par Xiphilin : il fut le corrupteur d'Agrippine & porta Neron à la faire mourir: il aima le luxe, & remplit l'Italie de ses usures. On disoit à Seneque, *vous parlez bien, & vous vivez mal : aliter loqueris, aliter vivis*. On lui disoit encore : *Quoi ! Senecque, vous courez les Testaments, vous prenez comme au filet ceux qui n'ont point de pere, vous faites un trafic infâme de votre argent, vous épuisez la veuve & l'orphelin : allez, croyez-moi, gardez vos préceptes, vous êtes celui qui en a le plus de besoin.*

Caton le Censeur étoit avare & le plus inhumain des hommes. Plutarque lui reproche de faire vendre sans pitié ses vieux esclaves : il étoit usurier, & sa maison étoit un lieu infâme.

Caton d'Utique, si l'on en croit Seneque, étoit vertueux, & valoit mieux, selon lui, que trois cents Socrates : c'est ainsi qu'il s'exprime. Saluste dit encore que Caton étoit la vertu même, & Patercule qu'il ressembloit plutôt aux Dieux qu'aux hommes : Lucain en a fait un portrait admirable, on le trouve dans Brebeuf. Caton cependant passoit les nuits à boire : Caton cependant céda sa femme Martia enceinte à l'Orateur Hortence, pour qu'un aussi grand homme, disoit-il, ne mourût pas sans postérité, & Martia devenue veuve, Caton la reprit parcequ'elle étoit riche.

Quoi ! s'écrie Tertullien, un Caton, un Philosophe fait un honteux commerce de sa femme. *O! Sapientiæ atticæ, ô Romanæ gravitatis exemplum, leno est Philosophus* !

Ciceron est un homme équivoque dans ses sentimens & dans toute sa conduite, & dont l'on admirera toujours, dit S. Augustin, plus la langue que le cœur : *Cujus linguam, fere omnes admirantur, pectus non ita.*

Ciceron est accusé, presque par tous ses Contemporains, d'avoir aimé criminellement sa fille Tullie.

Pythagore, Zenon, les Bracmanes des Indiens & les Gymnosophistes ont été, dit Saint Jérôme, l'admiration des Nations ; mais n'ayant pas eu le sel de Jesus-Christ, tout leur travail a été inutile, & leur édifice périssable : *Quia Christi non habent condimentum, vanus est eorum labor, & peritura ædificatio.*

Pythagore, qui du temps de Cyrus commença la Secte Italique dans la grande Grece, & qui la rendit si florissante par les plus grands progrès dans la dialectique, dans la géometrie & dans la physique, connut, aima & pratiqua la vertu. Zenon le Cittien, chef de la Secte Sroïcienne, Archimede, Arcesilas, Lacydide, Solon, Chilon, Pittacus, Bias, Cleobule & Thalès le Milesien, le premier des Sages de la Grece & le Fondateur de l'Ecole Ionique, tous vrais Philosophes, étudierent tous particulierement la nature, & donnerent à leurs Disciples, comme à leur siécle, les préceptes & l'exemple de la sagesse la plus austere.

Anaxagore, l'ami & le conseil de Périclès, qui s'étoit réduit volontairement à la pauvreté la plus extrême pour mieux s'appliquer à l'étude, ne cessoit de dire à ses Sectateurs :

Aimons la sagesse, aimons tous les hommes ; mais ne considérons, ne fréquentons que ceux qui la chérissent.

Potamon d'Alexandrie, fondateur de la Secte appellée Electique, ce Philosophe si vertueux qui vivoit du tems d'Auguste, & qui ne voulut jamais s'attacher à aucun dogme, mais qui choisit dans tous ce qui lui paroissoit le plus raisonnable, disoit à ses amis, & au Tyran d'Alexandrie lui même qui le plaçoit toujours à côté de son trône lorsqu'il paroissoit à la Cour : *Méditons les sentimens d'autrui, scrutons soigneusement les opinions de tous ceux qui pensent, & servons nous de toutes leurs lumieres, ainsi que des nôtres, pour arriver à la vertu, pour la pratiquer & l'aimer, car elle est seule aimable.*

Théophraste, disciple d'Aristote, plus philosophe que son Maître, répete si souvent dans ses Sentences, dans ses Caracteres & dans ses Maximes, toutes admirables, *que la sainte amitié est le lien dont les cœurs des hommes unis ensemble peuvent embrasser la vertu.*

Le fameux Disciple de Socrate, le célebre Platon, fut aussi solide, égal & vertueux dans tout le cours de sa vie & dans ses Ouvrages, que son Maître Socrate fut obscene, vicieux & divers. S. Augustin aimoit beaucoup Platon, & dit que ce Philosophe avoit certainement lu les Livres de Moïse & des Rabins Hébreux. S. Jérôme, parlant de son Timée, assure que les plus habiles n'ont jamais pu mordre à ce livre, dans lequel il décrit l'harmonie du monde. Son Parmenide, si admirable & si connu, dans lequel il a disputé avec des lumieres si sublimes & si étonnantes des principes de la nature & de toutes choses, n'est-il pas l'analyse & l'ouvrage d'un Savant, aussi sage qu'éclairé ?

Quand on lit son Phedon, la moindre de ses réflexions, tous ses discours de l'immortalité de l'ame ne porteroient-ils pas à croire qu'il a plutôt puisé ce Traité dans Moïse & dans les autres Livres sacrés, que dans sa propre imagination si vaste, si riche & si lumineuse, mais malheureusement encore trop loin de la vérité ?

On trouva dans le tombeau de Platon une lame sur laquelle étoient écrits ces mots :

Credo in Christum nasciturum de Virgine, passum pro humano genere, & tertia die resurrecturum.

Saint Augustin dit à l'honneur de l'école de Platon, que ces Philosophes connoissoient où il faut aller, mais qu'ils ignoroient par où il faut aller.

Denis l'Aréopagite, homme juste & vertueux, seroit digne d'admiration sans les ténebres dont la pureté de ses mœurs, l'austérité de sa sagesse, l'éclat & la force de son génie furent environnés : car, comme dit Tertullien, à qui la vérité a-t-elle été découverte sans Dieu ? à qui Dieu a-t-il été connu sans le Christ ? A qui le Christ a-t-il été connu sans l'Esprit-Saint ? Et à qui l'Esprit-Saint a-t-il été révélé sans la prédication de l'Evangile ? *Cui enim comperta veritas sine Deo ? Cui Deus cognitus sine Christo ? Cui Christus exploratus sine Spiritu Sancto ? Cui Spiritus Sanctus accommodatus sine fidei Sacramento ?*

Est-il rien de plus frappant, & en même-tems de plus consolant pour notre Religion, de plus capable de ramener ces esprits forts, ou pour mieux dire ces petits & foibles esprits qui doutent, que l'auguste & belle Sentence de ce fameux Aréopagite, lorsque travaillant aux mathématiques avec son ami Apolophanes, Sophiste, dans Alexandrie d'Egypte, & admirant, contre le cours ordinaire des Astres & les loix de la nature, le Soleil s'obscurcir universellement, s'écria & dit ces paroles si remarquables, à l'heure, à l'instant même de la Passion de Notre-Seigneur Jesus-Christ ! paroles qui suffiroient pour établir le mystere de notre Rédemption, si l'on pouvoit révoquer en doute la Naissance & la Mort d'un Dieu fait

fait homme, & mort pour sauver les hommes.

Ou la dissolution de cette machine arrivera en peu de tems, ou le Dieu de la nature souffre.

En effet, & dans ce même moment, le Dieu de la nature souffroit, Jesus-Christ étoit sur la Croix; le Sauveur du monde, le Rédempteur mouroit, expiroit pour le salut du genre-humain.

Qu'on cesse de nous vanter l'intégrité des Scipions, la constance des Horaces & des Régulus, la générosité des Epaminondas & des Camilles, la justice des Catons & des Aristides, le savoir profond des plus grands Philosophes, la sagesse de Periclès, toute celle de Platon & du fameux Aréopagite même (1), leurs plus grandes connoissances, leurs actions les plus éclatantes ne sont que de fausses vertus, & leurs plus grandes lumieres qu'obscurité & ténebres par le défaut de l'intention & de la fin. Il n'est de vraie philosophie, il n'est de profonde sagesse & de lumiere certaine que dans Moïse,

(1) Essai sur les Philosophes.

dans les Prophetes, dans Job & dans Salomon. Ce sont-là les seuls Sages, les vrais philosophes & les seuls guides qui puissent nous conduire sûrement à la connoissance utile de Dieu & de nous-mêmes, parceque ce sont les paroles de Dieu, qui est le seul Sage. Il n'est de vérité constante, des maximes & des leçons salutaires, des principes infaillibles & des préceptes sûrs, que dans la Genese, dans les Ecritures de l'Ancien Testament, & dans les Livres du Nouveau, parceque c'est le même Dieu qui parle & le même esprit qui instruit: ce ne sont plus des vues humaines; ce ne sont plus des systêmes, des opinions, des incertitudes & des contradictions, c'est la vérité éternelle, la lumiere même: on a beau chercher, scruter par tout ailleurs, & tant qu'il est en nous de le faire, on sent toujours, & par-tout, que c'est le secret du Maître! Quelque savants que nous puissions être, que savons-nous, que voyons-nous? Nous voyons tout au plus, nous appercevons la décoration, le spectacle du monde; mais celui qui en est l'Auteur se réserve la connoissance intime des ressorts: tout ce que nous avons de certitude est un foible rayon émané de ce soleil de vérité; mais parceque nous sommes des êtres finis, ce rayon ne se trouve pas en nous avec cette pureté, ni dans tout son éclat; il y est au contraire environné de ténebres. Que savons-nous enfin, que sur le plus éclairé de ces prétendus Philosophes? On peut donc en toute assurance appeller de leurs vaines & folles décisions au Tribunal de l'Etre Créateur: on peut, on doit donc, pour se préserver de la séduction du mensonge & de l'erreur, pour se défendre contre l'esprit d'orgueil, si naturel & si nuisible à l'homme: on peut, on doit (& cette simple spéculation suffit) considérer Dieu & l'homme, l'Etre infini & le néant, en un mot la vraie Philosophie, la seule qu'il nous importe de savoir, l'unique & solide vérité, l'unique Doctrine, l'éternelle & seule Religion, jusqu'à la fin des siecles, les œuvres merveilleuses de la puissance, de la sagesse & de la bonté de notre Dieu, toute sa justice & toute sa miséricorde: les voici dans notre origine même.

Adam, notre Pere, a péché; avant

ſa chute il avoit reçu de Dieu ſa nature & la grace, la ſainteté, la ſcience, la ſanté de l'ame & l'immortalité du co[illegible] Après ſa déſobéiſſance il vit s'élever [illegible] lui & hors de lui une révolte générale. Les plus rudes aſſauts lui vinrent de ſa propre chair, de ſon entendement & de ſa volonté; & il eut la douleur de voir tous ſes deſcendants enveloppés dans ſa diſgrace. L'enfer auroit ſuccédé à ſa miſere ſi les entrailles de notre Dieu ne s'étoient émues; il a envoyé ſon Fils, afin que quiconque croit en lui ne périſſe point, mais poſſede la vie éternelle.

S'il fût quelques hommes rares, s'il en fût de vertueux dans une foule ſi perverſe, s'il fût quelques ſages dans ce ſiecle de licence & de déſordre, trop conſacrés & trop peu connus! portons les yeux ſur la plûpart des femmes qui vécurent dans les mêmes âges, ou pas loin de ces tems d'erreur, voyons ſi dans la Grece, dans Rome, dans tous les différents ſiecles, & juſqu'à nous, voyons s'il ne fût pas des femmes auſſi ſavantes, bien plus Philoſophes, plus dignes de gloire & de la poſtérité que la plupart d'entr'eux; voyons ce qu'eſt un Scevola à côté d'une Clelie, & à côté de la mere des Machabées, le plus grand, le plus fameux Héros de l'antiquité. Prouvons, & cela est bien facile, par les exemples, dans la nature & dans la raison, que toutes les vertus sont de ce sexe; qu'il les porta toutes bien plus loin que nous, & qu'il nous fut presque toujours impossible d'atteindre & de pratiquer comme elles toutes celles qui leur sont propres.

Les femmes sont incontestablement la portion la plus aimable de l'humanité; elles en firent toujours le principal bonheur & les délices, souvent la gloire & l'ornement. Ce sexe est le plus ingénieux, le plus délicat, le plus sensible & le plus tendre, mais en même tems le plus régulier, le plus chaste & le plus religieux.

La Nature, dit un Auteur, semble lui avoir donné un instinct plus sûr & plus délié que les idées raisonnées de la réflexion; un aimable désordre, une imagination conduite par le sentiment, qui le rend avec feu, effleure légérement tous les objets, donne à tout ce qu'elles disent un air riant, folâtre, animé, plaît mille fois mieux que la raiſon, quelque ſoin qu'on prenne de l'orner.

Cet éloge eſt celui de bien des femmes; mais il en eſt beaucoup au delà de cet inſtinct & de l'aimable légéreté, beaucoup au-deſſus de nous-mêmes par la raiſon la plus ſolide.

La Bruyere les connoiſſoit mieux quelquefois, & ne les connoiſſoit point encore aſſez. Les femmes, dit-il, trouvent ſous leur plume des tours & des expreſſions qui ſouvent en nous ne ſont l'effet que d'un long travail & d'une pénible recherche; elles ſont heureuſes dans le choix des termes, qu'elles placent ſi juſte, que tous connus qu'ils ſont, ils ont le charme de la nouveauté, & ſemblent être faits ſeulement pour l'uſage où elles les mettent. Il n'appartient qu'à elles de faire lire dans un ſeul mot tout un ſentiment, & de rendre délicatement une penſée qui eſt délicate.

La Bruyere n'en a pas aſſez dit; il pouvoit & devoit ajoûter, que cette facilité, cette délicateſſe d'expreſſion, qui leur eſt ſi naturelle & ſi propre, & que nous ne ſaurions jamais imiter, n'exclut ſouvent chez elles ni la raiſon la plus profonde, ni tout ce que la réflexion a de plus juſte & de plus prompt, que ſouvent l'enveloppe la plus agréable, & en apparence la plus légere, contient dans leurs bouches les vérités les plus touchantes & les plus importantes maximes. Rien de plus ordinaire qu'un ſeul trait, un ſeul mot chez elles faſſe une Epigramme fine, une ſentence, un axiôme : nous cherchons, nous travaillons, nous trouvons avec peine; tout leur naît vivement, & ce feu manque rarement de juſteſſe.

Madame de Maintenon trouvoit par ſaillie la vérité que de Thou trouvoit par réflexion. (Mém. de Mainten.).

Les femmes avec des paſſions & des mœurs douces, ont une inclination naturelle pour le beau & le grand; ces genres les touchent vivement; elles l'emportent ſur nous par le ſentiment, par le feu de l'imagination, par la fineſſe du tact & par celle du ſtyle.

La piété, la bienſéance, la charité, ſont leurs vertus tranquilles; bien plus vraies que nous dans leurs affections, elles ont des notions plus juſtes de la vertu, des devoirs, de la fidélité & de la constance.

Elles aiment plus que nous-mêmes, nos propres vertus, la valeur, l'intrépidité, l'honneur & la gloire; tous les tems & tous les siecles l'ont prouvé. Les Romains ont eu plus particulierement cette opinion d'elles, en y ajoûtant la plus grande considération en tout: on disoit d'eux *qu'ils commandoient à toutes les Nations, mais qu'ils obéissoient à leurs femmes.*

Il n'est rien où leur esprit ne puisse atteindre, rien qui soit au-dessus de leur portée & des routes que la Nature leur a ouvertes. Pourquoi ne seroient-elles pas aussi capables que nous de toute contemplation & des sciences de la Philosophie la plus spéculative? Leurs ames sont-elles plus terrestres & plus attachées à la matiere que les nôtres? Sont-elles d'une trempe différente, ou d'un autre source? Ont-elles une origine particuliere? La Nature les a-t-elle chargées de quelque masse? Les a-t-elle liées de quelque chaîne qui les empêche de s'élever? Leur a-t-elle refusé ces aîles que Platon a remarquées dans les ames contemplatives?

Eh qui peut ignorer que l'esprit des femmes, exercé sur les objets les plus sérieux, bien loin de perdre de son agrément, sait en répandre sur les choses les plus abstraites, peut & sait tout embellir.

Une femme a dit : *Nous autres femmes, on ne nous regarde que comme un partere ; nous n'avons de saison que le Printems.*

Myro & Sosipatre, Philosophes si fameuses de leur siecle, plus courroucées encore de l'opinion de la plupart des hommes, & de cette maxime étrange, *que le savoir & le courage devoient être uniquement du ressort des hommes ; la chasteté & la modestie le simple & unique appanage des femmes*, se plaignoient avec raison de l'idée foible qu'on avoit attachée à leur sexe, & des injustes bornes qu'on lui avoit données. » Nous devons, disoit Myro, sans nous en » glorifier, nous devons être chastes » & modestes avant tout ; car autrement, quoique remplies des perfections les plus rares, nous serions » viles & méprisables ; mais ce premier devoir rempli, pourquoi n'égalerions nous pas les vertus, le

» courage & les plus profondes con-
» noiſſances du premier ſexe ? L'eſprit
» en a-t-il un de déterminé ? Les Gra-
» ces ne ſauroient-elles devenir for-
» tes ? Y a-t-il donc la même inégalité
» entre les femmes & les hommes du
» côté de l'ame que du côté du corps ?
» La faculté de penſer, la portion in-
» telligente, le ſouffle qui les anime
» les uns & les autres, ſont-ils diſſem-
» blables ? Ne ſont-ils pas les mêmes ?
» S'ils ſont les mêmes, ſi c'eſt la même
» trempe, le même limon ; eh ! qui
» pourroit le nier ! pourquoi, ſurmon-
» tant la délicateſſe de nos tempéra-
» ments, pourquoi, dans une éducation
» ſemblable, n'acquerrons-nous pas tout
» le ſavoir des hommes ? Soſipatre &
» moi n'avons-nous pas vaincu notre
» foibleſſe & détruit le plus injuſte
» préjugé ? Ne ſommes-nous pas comp-
» tées au rang des Savants ? N'avons-
» nous pas mérité ce titre ? N'avons-
» nous pas des Ecoles, & la foule de
» nos diſciples a-t-elle jamais dédai-
» gné nos inſtructions ? Quelles Chai-
» res ſont plus ſuivies, quels Porti-
» ques plus fréquentés ? Nous regar-
» dons, à la vérité, comme notre

» premier lustre, comme notre pro-
» pre essence, comme notre premiere
» réputation, la vertu que nous prati-
» quons, & comme notre plus grande
» gloire d'avoir su détourner la mol-
» lesse & la corruption de nos cœurs.
» Nous sommes chastes, Sosipatre &
» moi, & s'il nous étoit permis d'en
» être vaines & orgueilleuses, nous le
» serions bien plus de notre chere
» vertu que du nom de Philosophes.
» Et quoique nous soyons belles, So-
» sipatre & moi, & que tous ceux qui
» fréquentent nos sociétés & nos Eco-
» les, trouvent des fleurs & du feu
» dans notre esprit, nous avons pensé
» que dans un âge où tout, jusqu'à l'i-
» magination, se flétrit & se décom-
» pose; que dans l'âge avancé où tou-
» tes les fleurs & les agréments de l'es-
» prit disparoissent avec ceux de la fi-
» gure pour toujours, des fruits plus
» solides, dont nous jouissons déja,
» nous dédommageroient de la perte
» de nos charmes, que nous mépri-
» sons même actuellement ».

Le siege de l'esprit & de la raison n'est pas dans les os, ni dans les nerfs: il est dans le cerveau, qui est la partie la plus molle & la plus délicate du corps humain. La délicatesse de complexion ne sauroit donc être un obstacle ; elle est même un des plus grands avantages, selon Aristote, qui prouve que le tempérament le plus délicat, étant le moins chargé de matiere, est le plus net, le plus propre à être pénétré des lumieres de l'esprit, & le mieux préparé aux belles images & à l'impression des sciences. Que d'exemples à la suite de ce raisonnement, tous aussi évidents & tout aussi frappants que le raisonnement même ! Parcourons les siecles divers.

Thémiste de Lampsaque, femme de Leontée, fut si savante, que Ciceron, dans sa harangue contre Pison, se sert de l'expression suivante :

Quoique vous soyez plus savant que Themiste.

Gemine & sa mere étoient disciples de Plotin, le plus célebre Platonicien de son siecle ; l'une & l'autre dans son absence donnoient des leçons au reste de l'Académie. (*Porphyr. J. Vie de Plotin*).

On voit dans le Menexene un des

Dialogues de Platon, & dans les Stromates de Clément d'Alexandrie, qu'Aspasie enseigna la Rhétorique & la Philosophie dans Athenes, que Socrate fut son disciple, & que Periclès, le plus fameux des Orateurs, lui dut toute son éloquence. (*Plat. Dialog. Menex. Clem. d'Alexand. Liv. IV. de Strom.*).

Suidas appelle Pamphila *la Savante d'Epidaure*; Diogene Laerce & Aulugelle la citent continuellement; Soteride son pere lui dédia ses Commentaires. (*Suid. Soterid.*).

Damascius, de Damas en Syrie, dédia son Livre de *la Vie du Philosophe Isidore* à Theodora, femme célebre par la Philosophie, la Poésie & la Géométrie.

Platon dédia son *Histoire philosophique* à Arria, qui vivoit sous Alexandre Severe.

Plutarque dédia à Euridice, femme de Pollian, ses *Préceptes sur le Mariage*, & à Clea son *Traité des vertus des Femmes*.

Leonce, Courtisanne d'Athenes & amie d'Epicure, écrivit contre Theophraste. *Son style est pur & attique*, dit

Ciceron (1), & Pline dans sa Préface; *je ne sais comment une femme a osé écrire contre Theophraste, homme si éloquent, qu'il en a mérité l'épithete de Divin, & comme elle a pu s'en tirer avec tant de succès.*

Selon Aristoxene, dans la vie de Pythagore par Diogene Laerce, Pythagore fut redevable de la plupart de ses principes de morale à sa sœur Themistoclée.

Clement d'Alexandrie, Liv. premier de ses Stromates, & Cyrille, Liv. IV, contre Julien, assurent que ce fut Hippo, fille du Centaure Chiron, qui instruisit Eole dans la contemplation de la Nature. Euripide dépeint également Hippo comme une femme versée & célebre dans l'Astrologie, & des plus profondes dans les hautes sciences.

Athenée, liv. X, Aristote dans sa Réthorique, & Plutarque dans son Banquet, mettent au nombre des plus grands & des vrais Philosophes Cléobuline, fille de Cléobule un des sept sages de la Grece; Thalès la décore aussi du titre de *vrai sage*.

(1) Cicer. Liv. I. de la nature des Dieux.

Lasthenie de Mantinée d'Arcadie, étudia sous le Philosophe Speusippe, neveu de Platon, dont il adopta & suivit les dogmes. Denis dans une lettre à Speusippe, lui dit, *nous pouvons apprendre la philosophie d'une femme d'Arcadie, qui est votre écoliere:* Diogene de Laërce dans la vie de Platon, & Clément d'Alexandrie dans ses Stromates livre IV, se recrient souvent sur l'étonnante érudition & les chastes mœurs de la douce & vertueuse Lasthenie.

Saint Jérôme dans son premier livre contre Jovinien, & Clément d'Alexandrie dans ses Stromates livre IV, célebrent la sagesse & le savoir profond de cinq filles dialecticiennes de Diodore qui étoit de l'Ecole de Socrate, il en nomme quatre, *Argie, Théognide, Artémise, & Pantaclée.*

Sainte Catherine, vierge & martyre, qui vêcut sous l'Empereur Maxence, si célebre dans les questions philosophiques, & dans toutes les Ecoles, dont elle est encore la Patrone aujourd'hui, combattit si solidement & avec tant de force les Philosophes payens, qu'elle en porta plusieurs à embrasser le Christianisme.

Etienne Baluse, rapporte dans le Synodique contre la Tragédie d'Irenée, tome premier des Conciles, chapitre CCXVI, cette lettre adressée sous le nom d'Hypatie, au bienheureux Cyrille, Archevêque d'Aléxandrie.

» En lisant les histoires, j'ai trouvé » que le Christ est apparu, il y a passé » cent quarante ans; il eut pour Dis» ciples ceux qui furent ensuite nom» més Apôtres, & qui après son as» somption dans le ciel, ont prêché la » Doctrine Chrétienne, & ont en» seigné des choses fort simples, & où » il n'entroit point de vaine curiosité, » ce qui donna occasion à la plupart » des Gentils de blâmer cette doctri» ne, & de l'appeller peu solide; car » sur ce que dit l'Evangéliste, que » personne n'a jamais vu Dieu, ils » faisoient cette difficulté: comment » donc dites-vous que Dieu a été cru» cifié; ils ajoutoient, celui qu'on n'a » jamais vu, comment a-t-il été atta» ché à la croix? comment est-il mort? » & a-t-il pû être enseveli? Or, Nes» torius qui vient d'être envoyé en » exil a rétabli la doctrine des Apô» tres; car comme j'ai appris il y a » long-tems

» long-tems qu'il établissoit deux na-
» tures dans le Christ ; je répondis à
» celui qui m'instruisit de cela : *voilà*
» *les difficultés des Gentils levées.* Je
» dis donc que vôtre Sainteté a mal
» fait de penser autrement que lui,
» d'assembler un Synode & de travail-
» ler à sa déposition sans dispute préa-
» lable. Pour moi, relisant ses expli-
» cations, il n'y a encore que peu de
» jours, & les comparant avec la doc-
» trine des Apôtres, j'ai fait reflexion
» que ce seroit un bonheur pour moi
» de devenir chrétienne ; & j'espere
» d'être digne de la régénération du
» baptême du Seigneur «.

Ciceron dans ses lettres à Atticus, liv. 12. lettre 51. dit que Cœrelie fut une des plus fameuses Philosophes, & Martial lui adresse l'épigramme 63e de son IVe livre. *Dum petit à Baulis mater Cœrelia Baias.* (Mart. de Cœr. lib. IV.)

Nicephore Grégoras parlant d'Eudocie, femme de Constantin Palæologue le despote, second fils de l'Empereur Palæologue, rapporte dans le VIIIe livre de ses histoires, qu'Eudocie étoit Philosophe, belle, éloquente,

& qu'avec le plus vaste & le plus beau génie, elle eut autant de sagesse & de pureté, que de douceur dans les mœurs.

Athénaïs, épouse de l'Empereur Théodose le jeune, qui fut aussi nommée Eudocie en recevant le baptême, ne fut ni moins philosophe, ni moins célebre par sa vertu que la premiere Eudocie.

Il paroît par les vers d'Horace, dans ses Odes, Epode huitieme, que les femmes Romaines aimoient à lire des livres Stoïciens, & que leurs conversations les plus ordinaires rouloient sur des questions de Philosophie; *quoi, croira-t-on que les livres Stoïciens se plaisent à être couchés parmi les coussins de soie?* (Horat. Epod. 8).

Des femmes ont enseigné publiquement la Philosophie & la Réthorique à Athenes; une femme succeda à l'Ecole & à la réputation de Plotin dans Alexandrie.

Les Universités de Padoue & de Boulogne en ont vu de graduées & de Régentes, remplir leur chaire avec les plus étonnants succès; les Orateurs, les Peintres & les Poëtes n'ont-ils pas vu en foule ces concurrentes &

ces dangereuſes rivales dans toutes leurs Académies, & dans toutes leurs Ecoles.

Novelle étoit une célebre Juriſconſulte ; ſon pere Jean André, fameux Profeſſeur à Boulogne, fit un livre des loix, qu'il nomma du nom de ſa fille, *la Novelle.*

Sa femme s'appelloit auſſi *Novelle*, il fit un commentaire ſur les Decrétales qu'il intitula *Novelles*, ouvrage dont Balde a fait un grand éloge.

Mais quittons ces âges trop près de nous, remontons encore à des tems plus reculés, recourons au plus ſage des Philoſophes ? Que penſoit le divin Platon de cette portion de l'humanité ? qu'a-t-il dit des femmes, lui qui dans les plus épaiſſes ténebres du paganiſme, vit tout, apperçut en tout la vérité, lui à qui rien n'échappa dans la nature, lui qui en reconnut preſque l'Auteur, qui l'avança, qui ſoutint l'Etre ſuprême, qui dreſſa des autels au Dieu inconnu, dans l'ignorance même de ſon culte ? quelle opinion eut-il des femmes ? qu'en dit-il, le voici.

» La femme eſt d'une meilleure eſ-
» pece que l'homme, ſon cœur eſt

» moins vicieux, elle aime la vertu;
» elle l'annonce par sa modestie, elle
» est douce, compatissante & sage,
» si elle n'est libertine, dure & que-
» relleuse à l'excès; mais ce sont
» monstres rares dans l'espece; elle est
» foible de corps, mais toujours gran-
» de, généreuse & hardie d'honneur
» & de tendresse. Les femelles des
» animaux sont de même; elles ont
» une générosité que la Nature n'a
» point donnée à leurs mâles. Voyez
» les lions, les tigres, les léopards &
» les aigles, naturellement si fiers &
» si courageux, ils ne combattent ja-
» mais que pour leur proie, la faim
» est leur seul point d'honneur; leurs
» femelles se battent infiniment mieux
» qu'eux, mais elles ne se battent ja-
» mais que pour la défense & le salut
» de leurs petits. La femme n'a point
» de raison, ou elle en a incompara-
» blement plus que l'homme; elle
» est extrême en tout, & dépend en-
» tierement des sensations qu'elle
» éprouve; elle a les fibres plus dé-
» licates & des sensations par consé-
» quent plus fines, communément elle
» n'en éprouve que de délicates, elle

» a moins de sang, par conséquent
» plus de flegme & plus de jugement,
» toutes les sensations grossieres sont
» naturellement loin d'elle, elle ne
» reçoit que des impressions légeres
» & vives, moyennant quoi elle a
» plus d'esprit, & son esprit est plus
» propre à tout; aucun esprit n'est
» étranger à ce sexe, ni celui de con-
» quête, ni celui de gouvernement;
» le grand cœur peut se trouver avec
» la plus belle tête, le corps le plus
» foible est capable des plus magna-
» nimes efforts; les graces & la vertu
» guerriere peuvent donc s'allier, la
» pudeur n'exclud point la noble au-
» dace; la vaillance, l'intrépidité
» naissent du feu, & non de la ma-
» tiere; l'esprit naît du sang, & non
» des os, ni des autres parties qui
» composent le tout admirable de la
» charpente humaine; la raison, le
» jugement ne doivent rien non plus
» à la méchanique du corps; c'est
» dans l'ame que sont les vertus, le
» corps le plus débile peut les posse-
» der toutes, & les possede toutes
» effectivement avec une grande
» ame «.

Sémiramis étoit femme, & du tempéramment foible qui leur est propre; quel homme fut plus grand & plus fort que Sémiramis?

Ce fut sans aucun doute le regne éclatant de cette Princesse qui engagea Platon à soutenir dans ses livres de la République, que les femmes, ainsi que les hommes, doivent être admises au gouvernement des Etats & à la conduite d'une guerre.

Parcourons la plus haute antiquité, fouillons les trésors les plus respectables, suivons le Peuple de Dieu dans tous les livres saints.

Chez les Hébreux, les femmes commandoient souvent les armées, elles exerçoient quelquefois aussi les fonctions de Juge, elles veilloient & faisoient la sentinelle à la porte du Tabernacle. L'ancien usage de voir les femmes faire la garde à l'entrée des palais des Rois d'Orient, subsiste encore aujourd'hui à la Cour des Rois de Perse.

Les Juifs eurent des Prophéteſſes, Dieu accorda ce don de prophétie à Marie, sœur de Moïse, à Débora, à la femme d'Isaïe, à Anne mere de Samuël, & à Holda.

Nous voyons dans la Loi nouvelle, Anne la Prophéresse, & les filles de Philippe, Diacre.

C'est à une femme que le Sauveur du monde expliqua le profond mystere de la Grace.

C'est à la Madeleine qu'il déclara préférablement à ses Apôtres, la vérité de sa résurrection.

Saint Paul honoroit les Priscilles, les Maries, & nombre de femmes de son tems.

Le Disciple bien aimé écrivoit à la pieuse Electe.

Ces premiers Docteurs croyoient le sexe digne d'être initié dans les secrets de la Loi, & capable de pénétrer les mysteres les plus sublimes; pour lors on ne lui en cachoit aucuns.

Salomon travailla avec la plus grande ardeur à l'instruction des femmes: il ne leur a été avare, ni de ses paraboles, ni de ses proverbes.

On sait que Saint Cyprien, Saint Jérôme & Saint Augustin ont écrit leurs plus belles lettres à des femmes. On sait aussi que Saint Cyprien n'a plus rien d'Africain dans ces sortes de lettres, ni Saint Jérôme rien d'austere,

& que Saint Augustin mêle toute la douceur de son esprit à celle de son style, lorsqu'il leur écrit.

Un Auteur (1), dit que Saint Ambroise qui a eu des Abeilles pour nourrices, & qui a été lui-même une Abeille intelligente & discoureuse, a mis tout le miel de sa ruche dans les livres qu'il a faits pour les vierges & pour les veuves.

Jusqu'au plus chagrin, au plus farouche de tous les Ecrivains, Tertulien lui-même a écrit aux femmes & à la gloire des femmes.

Non-seulement les Saints Peres ont employé la morale & la rhétorique à l'instruction & à l'honneur des femmes; mais ils y ont fait servir la Poésie & les Muses.

Le Pédagogue de Clément d'Alexandrie qui parle toujours si hautement & d'un ton si severe, ne s'en tient plus à la hauteur & à la solidité des dogmes, lorsqu'il entreprend d'instruire les femmes; il ajoute alors à son style la dignité de l'expression, la magnificence & la douceur des paroles.

(1) Le Pere le Moyne, Jésuite.

Il y a de la grandeur & de la majesté dans toutes les œuvres de Saint Chrysostome ; mais cette grandeur n'est ni si cultivée, ni si polie, ni si fort ornée de graces particulieres dans ses autres ouvrages, comme dans tout ce qu'il a écrit pour les femmes.

Saint Jean lui-même a écrit à une femme avec cette même plume d'aigle, dont il avoit écrit aux Anges & aux Eglises d'Asie, avec cette même plume dont il avoit composé l'Evangile & l'Apocalypse.

Sans la glorieuse préface de Saint Grégoire à Théodelinde, nous n'aurions aucun portrait entier & vrai de cette Reine si pacifique & si célebre ; mais Saint Grégoire, qui gouvernoit alors l'Eglise, pénétré des vertus de cette grande Reine, & de tout son zele pour la foi, lui dédia ses dialogues, dans lesquels il exalte tous les services qu'elle venoit de rendre à la Religion & à l'Eglise en extirpant l'Arianisme de toute la Lombardie.

Ce n'est pas sans raison que les hommes les plus vertueux & les plus rares ont toujours recherché, avant tout, la bienveillance & les suffrages d'un sexe, malgré le ridicule préjugé, si supérieur au nôtre, & si souvent digne de la plus haute vénération ; car pourroit-on disconvenir qu'il se soit fait de plus grandes choses, & de tous les tems, sous le gouvernement des femmes, que sous celui des plus grands hommes, sous Débora en Judée, sous Pulchérie à Constantinople, sous Amalasonte en Lombardie, sous Isabelle en Espagne, sous Marguerite d'Autriche, Duchesse de Parme en Flandres, sous Blanche de Castille, mere de Louis IX en France, sous Christine en Suede, & sous Elisabeth en Angleterre. Qu'on se rappelle ce distique si heureux fait sur le regne de Jacques VI, Roi d'Ecosse, successeur d'Elisabeth, qui contient seul la comparaison des deux regnes.

Rex fuit Elisabeth, sed nunc Regina Jacobus
Error naturæ sic in utroque fuit.

Catherine de Foix, femme de Jean d'Albret, Roi de Navarre, disoit à son mari, dépossédé par Ferdinand : *Dom Jean, si nous étions nés, vous Catherine & moi Jean, nous n'aurions jamais perdu la Navarre.*

Auguste ne proposoit rien au Sénat sans avoir consulté Livie, qu'il avoit associée à l'Empire, plutôt comme son collegue que comme son épouse; Livie le gouvernoit avec lui & plus que lui.

Saint Louis, prisonnier chez les Sarrasins, ne voulut rien conclure sur sa liberté, que du consentement de la Reine sa femme.

L'Espagne ne fut heureuse & conquérante sous le regne de Ferdinand, que par le despotisme, la prudence & le courage d'Isabelle qui avoit toute la confiance de son époux, & toute l'autorité du Monarque.

Quelle foule de femmes illustres dans tous les Arts, dans tous les genres, dans tous les tems! Quels plus grands hommes! quels hommes plus célebres que les Athenaïs, les Sophies, la fille d'Hortensius, l'appui des Dames Romains, l'émule dangereuse de Ciceron par la force de son éloquence, l'ornement & la gloire de Rome par ses talents & par sa vertu? Quels hommes plus illustres que les Irenes, les Marguerite Valdemar, la Comtesse de Guesbriant, si fameuse par une Ambassade extraordinaire, & par tant de négociations les plus adroites & les plus heureuſes ? Quels hommes les plus exquis & les plus rares cultiverent les ſciences avec plus de ſuccès que les Daciers, les la Fayette, les de Stall, les du Chatelet ? Quelle fécondité, quelle richeſſe, quel ſtyle, quel naturel, quelle délicateſſe, quelle vérité dans les Ecrits des Deshoulieres, des la Sablieres, des la Suze, des Sevigné, des Gourney, des Scudery, des Villedieu, & des Lambert.

Madame Dacier a traduit les Nuées d'Ariſtophane, Florus, Terence & Homere. M. de la Motte qui eut avec elle des diſputes littéraires aſſez vives, chargé par l'Académie Françoiſe de faire ſon éloge funebre, dit dans ſon diſcours :

Cette Savante, qui eſt préſentement ſur le Parnaſſe, voit clairement ſi c'eſt elle ou lui qui ſe ſont trompés dans leurs ſentiments ſur Homere.

Madame de la Fayette, au bout de trois mois qu'elle eut appris le Latin, en sut bien plus, à ce que rapporte Segrais, que M. Menage & le Pere Rapin, ſes Maîtres. Perſonne n'avoit plus d'eſprit qu'elle, dit M. de la Rochefoucault, & elle avoit le jugement au-dessus de son esprit; elle étoit vraie, ajoûte-t-il encore, & c'est d'elle que nous tenons cette belle sentence : *C'est assez que d'être* : elle entendoit par-là qu'on est trop heureux d'être sorti du néant, & qu'il n'est point d'actions de graces qu'on ne doive à l'Etre Suprême, de sa seule existence.

La Marquise du Châtelet a éclairci Leibnitz, traduit & commenté Newton, & fait des Institutions physiques universellement estimées.

Madame de Sevigné décida la dispute de Despréaux & de Perrault, par une simple plaisanterie, en disant : *les Anciens sont plus beaux, mais nous sommes plus jolis*; tout le monde connoît ses lettres.

Le Traité de l'Amitié de la Marquise de Lambert, l'emporte beaucoup sur celui de M. de Sacy.

CHAPITRE VII.

Du Mariage.

LE mariage selon son institution primitive, est une alliance entre un homme & une seule femme. *L'homme quittera son pere & sa mere, & s'attachera à sa femme : & ils seront deux dans une seule chair.*

C'est ce que dit Adam, après que Dieu lui eut amnené la femme qu'il venoit de former, & qu'il lui donnoit pour épouse ; & c'est pour cela que le Christianisme, remontant à cette institution divine, a imposé aux hommes la loi de l'unité d'épouse, sans aucune exception, ni restriction. Il est vrai que Dieu a dispensé de cette loi les Patriarches Abraham & Jacob ; il est vrai encore que la pluralité des femmes s'étant introduite chez les Israélites leurs descendants, Moïse que l'esprit de Dieu éclairoit, ne la défendit par aucune loi, & qu'il sembla même l'autoriser, aussi-bien que le divorce, *à cause de la dureté de leur cœur.* Mais Jesus-Christ, établissant la Loi nouvelle, a condamné l'usage de la pluralité des femmes, & il a rétabli la sainteté du mariage, telle qu'elle étoit dans son origine, par l'union indissoluble de l'homme avec une seule femme. (*Matth.* 19. 8.)

L'Ecriture remarque que *Lamech* épousa deux femmes, *Ada & Sella*, afin que nous faisions attention que c'est dans la race de Caïn, & par l'incontinence d'un de ses descendants, qu'a commencé un usage contraire à l'institution & à la loi primitive du mariage : *ils seront deux dans une seule chair.*

Comme la polygamie ne détruit point l'essence du mariage, qui est l'union de l'homme avec la femme, & qu'elle n'est pas contraire à sa principale fin, qui est la génération des enfans, Dieu toujours maître de dispenser de ses loix qui il lui plaît, selon les vues de sa souveraine sagesse, a permis aux Patriarches, aux Prophetes & aux Saints de l'Ancien Testament, de prendre plusieurs femmes. Toute la vie de ces Justes étant figurative, le dessein particulier de Dieu à l'égard de leurs mariages, étoit de tracer des images sensibles des deux Alliances, & des mysteres de la nouvelle, & spécialement de la prodigieuse multiplication des enfans spirituels de Jesus-Christ. C'est ce qu'on voit dans l'histoire d'Abraham & de Jacob, en suivant les ouvertures que Saint Paul lui-même nous donne.

A Dieu ne plaise, dit un Commentateur de l'Ancien Testament, qu'on pût soupçonner d'incontinence tous ces Saints, dont les vertus ont mérité d'être louées par le Saint Esprit. Pour écarter de tels soupçons, l'Ecriture nous montre dans Abraham & dans Jabob, qui ont donné les premiers l'exemple de ces mariages à leurs descendants, une pureté de vues, & une innocence qui font bien voir qu'ils étoient, comme le dit Saint Augustin, plus chastes avec plusieurs épouses, que d'autres ne le sont avec une seule. Abraham avoit vécu jusqu'à l'âge de quatre-vingt-cinq ans avec une épouse unique & stérile, sans avoir jamais eu la pensée d'en prendre une seconde, par qui pût s'accomplir la promesse divine d'une nombreuse postérité. Il ne s'y résolut qu'à la priere & à la persuasion de Sara. Jacob n'avoit pas d'autre dessein, que d'épouser Rachel. Ce fut par la mauvaise foi de Laban, que Lia devint sa femme ; & si dans la suite il prit Bala & Zelpha, il ne le fit qu'à la sollicitation de Lia & de Rachel. (*Ancien Testament*).

L'idée, ajoute-t il, que nous avons de la sainteté de David, ne nous permet pas d'avoir de lui d'autres pensées, quoiqu'il ait eu un plus grand nombre de femmes, & qu'il paroisse les avoir épousées de son propre mouvement, sans y être engagé par aucune espece de nécessité. La pluralité étoit autorisée en termes formels par la loi de Moïse, & confirmée par l'usage de plusieurs siecles. Elle entroit dans l'œconomie de la Religion judaïque, qui étoit toute prophétique, & qui montroit sous ces symboles, des biens d'un autre ordre, attachés à la venue du Messie. D'ailleurs ce grand Roi étant une des plus expresses figures de Jesus-Christ, il convenoit qu'à l'exemple des Patriarches & des autres Saints de l'ancien Testament, il le représentât dans ses divers mariages, & que le nombre de ses épouses fût une vive image de ce grand nombre d'ames qui devoient être appellées par Jesus-Christ à la connoissance de la vérité, & à l'honneur d'entrer dans son alliance.

Ainsi Michol, sa premiere femme, représente la Synagogue; Abigaïl, est le symbole de la Gentilité. Bethsabée marque ces ames infidelles & adulteres que Jesus-Christ ne dédaigne pas d'admettre au nombre de ses Epouses, afin de les rendre chastes & fécondes en bonnes œuvres; enfin les autres femmes que David prend en divers temps & en divers pays, nous rappellent les différentes Nations amenées à la connoissance de Jesus-Christ : & toutes ces Epouses soumises au seul David, qui les comble de biens & de gloire, dépeignent, selon S. Augustin, la multitude des Nations autrefois divisées par la diversité de leurs cultes, & réunies maintenant dans Jesus-Christ comme dans leur unique Epoux, qui fait toutes leurs richesses & leurs délices. (*Deut.* 21. 15. *Explic. des Rois*, *tom.* 2. *c.* 11. *art.* 8. *Anc. Testam.* *L.* 5. *ch. XXX. pag.* 425. 426. *&* 427.)

Nous devons ce me semble, dit le même Auteur, porter le même jugement des Prophetes & des autres Rois, sur tout de ceux dont l'Ecriture loue la piété. On ne peut nier du moins que le Saint-Esprit, qui parle de soixante Reines & de quatre-vingts femmes du second rang qui étoient dans le palais de Salomon avant sa chûte, n'ait emprunté ces images pour peindre ce que la Religion chrétienne a de plus sublime & de plus pur, je veux dire le tendre amour du Fils de Dieu pour notre nature, & ses nôces toutes célestes avec nos ames, qui sont autant d'Epouses bien aimées, & qui ne sont néanmoins toutes ensemble qu'une seule & unique épouse, qui est l'Eglise. Le Saint-Esprit couvroit ainsi sous les foiblesses apparentes de ces grands hommes, l'affoiblissement apparent où un Dieu s'est abaissé par amour pour nous; & dans le dessein de nous faire concevoir autant qu'il est possible, par des images sensibles, la grandeur de cet amour qui surpasse toutes nos pensées, il l'a peint avec les traits & les couleurs de celui d'un époux dont la tendresse fait le bonheur de plusieurs épouses, & qui eſt le centre où ſe réuniſſent tous les deſirs & toutes les affections de leurs cœurs, comme il emprunte les images de la vengeance, de la colere & des autres paſſions, quand il veut nous laiſſer une plus vive impreſſion des ſentimens & de la conduite de Dieu. (*Cant. 6. 7. Explication des Rois.*)

Voilà en abregé, ajoute-t-il, ce qu'on peut dire, ſuivant les principes de Saint Auguſtin, pour juſtifier la polygamie des Saints de l'ancien Teſtament.

On ne conſidere point aſſez dans le mariage, dans un choix ſi important, & qui a de ſi grandes ſuites & pour la vie préſente & pour l'éternité; on ne conſidere point aſſez les qualités de l'eſprit & du cœur, & ſur-tout la crainte de Dieu, qui eſt l'ornement & la beauté de l'ame : on imite les enfans de Seth, on prend pour ſa femme une fille de la race de Caïn, parcequ'elle eſt belle ou riche, ou qu'elle plaît davantage. *Les enfans de Dieu*, dit l'Ecriture-Sainte, *voyant que les filles des enfans des hommes étoient belles, épouſerent celles d'entr'elles qui leur avoient plu*; & voici les réflexions du même Commentateur. Les descendans de Seth, qui avoient vécu d'abord comme des hommes de Dieu, étrangers sur la terre & citoyens du ciel, furent touchés de la beauté des filles de la race de Caïn, & prirent pour leurs femmes celles qui leur plurent davantage; ils ne furent point touchés du desir d'avoir des femmes qui pussent former leurs enfans à la vertu, ni des enfans qui fussent héritiers de la piété & du nom de leurs peres. Les yeux déciderent seuls, & ni la raison, ni la religion ne furent consultées. Ainsi, en se mêlant par d'indignes alliances avec une race maudite, ils en prirent bien-tôt les mœurs & les sentiments : ils oublierent Dieu, son alliance & ses promesses, & tomberent dans l'irreligion. Quelle leçon pour tous les siecles! & qu'un tel exemple doit faire trembler & les peres & les meres, qui ne consultent qu'un vil intérêt dans l'établissement de leurs enfans; & les enfans qui reglent leur choix sur une passion aveugle, plutôt que sur la lumiere de la foi. Ne soyons point surpris qu'il y ait si peu de mariages que Dieu benisse, puisqu'il y en a si peu où il soit appellé.

Abraham préfere sa famille à toutes les autres, pour le choix de l'épouse d'Isaac, parceque les bonnes mœurs s'y étoient conservées, & que la vraie Religion, quoique mêlée d'idolâtrie, y étoit moins défigurée, & l'ancienne tradition plus pure que par-tout ailleurs. Il ne pense ni aux richesses, ni à rien de tout ce que les hommes considerent dans les alliances; il ne regarde que Dieu, la religion, la vertu. Tout ce qu'il desire, c'est de donner à son fils une femme, qui ait comme lui la crainte de Dieu : s'il croyoit trouver cette vertu dans une autre famille, il l'y chercheroit. Telles sont les vues que la foi inspire à Abraham : & si tant de chrétiens n'en ont que de basses, d'intéressées & toutes payennes dans l'établissement de leurs enfans, c'est qu'il y a très peu de chrétiens qui aient de la foi, & qui connoissent le prix de la piété. *Dieu d'Abraham ..... assistez-moi aujourd'hui*, ... dit Eliezer, un des serviteurs d'Abraham, qu'il envoie au-devant de l'Epouse de son Fils, ... *que la fille à qui je demanderai........ soit celle que vous avez destinée à Isaac.* Ce serviteur dont la piété est si édifiante, ne compte ni sur sa prudence, ni sur son discernement, mais sur Dieu seul ; & c'est cette admirable disposition, qui est l'ame de sa priere, comme elle est la regle de toutes ses démarches. Il entre d'ailleurs si bien dans les vues d'Abraham, qu'il ne prend ni la beauté, ni les richesses pour le signe qui doit lui faire connoître l'Epouse que Dieu a choisie pour Isaac, mais un office de charité.

Si Abraham ne veut pas que son fils Isaac épouse aucune des filles des Cananéens, parcequ'ils étoient idolâtres, adonnés à toutes sortes de vices, & maudits de Dieu, Isaac fait expressément le même commandement à Jacob : *Ne prenez pas une femme*, lui dit-il, *d'entre les filles de Chanaan ; mais allez en Mésopotamie dans la maison de votre mere, & épousez une des filles de Laban votre oncle.* Jacob obéit, il servit sept ans Laban pour obtenir Rachel, & sept autres années encore, après que Laban l'eût trompé en lui donnant Lia pour Rachel, qu'il épousa ensuite, renonçant aux plus belles d'entre les filles des Cananéens avec lesquelles Dieu ne vouloit point qu'Israël contractât aucune alliance.

Le Saint-Esprit met au nombre des plus grands péchés d'Achab, son mariage avec Jezabel : *Achab*, dit l'Ecriture, *ne se contenta point de marcher dans les péchés de Jeroboam ; mais il épousa de plus Jezabel.... il servit Baal & l'adora*.

Et en effet, c'est dans une occasion si importante & si délicate, qu'un choix bien ou mal fait éloigne ou attire les bénédictions de Dieu dans cet état : le mariage d'Achab fut maudit par Jezabel, les mariages d'Isaac & de Jacob furent précieux aux yeux de Dieu par Rebecca & par Rachel, l'une & l'autre épouse, semblables à Sara ; Dieu accomplit par elles toutes les promesses qu'il avoit faites à Abraham de multiplier sa race comme la poussiere de la terre : *Donnez-moi des enfans*, disoit Rachel stérile à son mari Jacob, *ou je mourrai*. Jacob lui répondit avec émotion : *Est-ce que je suis Dieu ? Et n'est-ce pas lui qui vous a refusé la fécondité ?* Enfin le Seigneur se souvint de Rachel, il l'exauça & la rendit féconde. Elle devint enceinte & accoucha d'un fils, & elle nomma ce fils Joseph.

Peut-on

Peut-on être surpris de voir tant de victimes dans ce saint nœud, un si grand nombre de ces unions funestes & malheureuses? Que desire-t-on communément de part & d'autre pour s'unir? Quels sont les objets les plus ordinaires d'un mariage que l'on regarde bien plutôt comme un établissement, que comme une alliance sainte & solemnelle, que comme un Sacrement: c'est de la fortune, de la naissance & de la beauté que l'on considere, que l'on cherche, que l'on desire trouver, au lieu du bon esprit, de la modestie, de la pudeur, de la vertu & de la crainte de Dieu. Ce n'est point une femme, selon Dieu, qu'il faut à la plûpart des hommes; c'est une femme selon le monde. La simplicité de Rachel est dédaignée, les qualités essentielles ne sont comptées pour rien, l'intérêt & la vanité reglent tout, la raison & la foi n'éclairent en rien: de-là, plus de consolation, plus de paix, plus de bonheur dans cet asile sacré, dans l'union la plus sainte, & qui de son institution doit être la seule heureuse sur la terre: de-là tant de brebis égarées, tant d'épouses infidelles, tant de Gentils & tant de Samaritains, tant de malheurs, tant de crimes, tant de profanations, & tant de désordres: de-là enfin la postérité de Bala & celle de Caïn, & la perpétuité des races odieuses & exécrables : *Vous serez puni de mort pour avoir enlevé cette femme ; car elle a un mari*, dit le Dieu d'Abraham à Abimelech, bien moins coupable (1), puisque la seule lumiere naturelle fait connoître à ce Prince infidele toute la noirceur de son attentat, & puisqu'il n'hésite point à rendre cette épouse sans s'être corrompu & sans l'avoir souillée. Mais, comme le remarque encore ce célebre Commentateur dont je voudrois pouvoir rapporter ici toutes les réflexions diverses, quoique la Loi écrite défende l'adultere (2) sous peine de mort, quoique Dieu parle lui-même, quoique la loi éternelle l'ait toujours condamné & puni comme une injure atroce faite à lui-même : *Je vous ai préservé de pécher contre moi*,

(1) Ancien Testam.

(2) Exode 21. 12. 13. 14. Liv. 11. Levit. 20. 10.

dit l'Esprit-Saint. Des Chrétiens s'en font un jeu ; ils vont jusqu'à en tirer vanité ; & ce crime, depuis qu'il s'est revêtu de l'infâme nom de galanterie, ne fait plus d'horreur : tant les passions déréglées ont étouffé les vives lumieres de la nature, après avoir éteint celles de la foi.

FIN.

www.ingramcontent.com/pod-product-compliance
Ingram Content Group UK Ltd.
Pitfield, Milton Keynes, MK11 3LW, UK
UKHW012037240726
13965UKWH00003B/847

9 782013 067850